Touch the Spirit

Engel-, Meister-, Chakren- und Heilenergien
der heutigen Zeit kontaktieren und nutzen

Jürgen Pfaff

Touch the Spirit

**Engel-, Meister-, Chakren- und Heilenergien
der heutigen Zeit kontaktieren und nutzen**

HANS-NIETSCH-VERLAG

Informationen in diesem Buch werden nach bestem Wissen und Gewissen weitergegeben. Krankheiten und Krankheitssymptome sind hier genannt, um ein ganzheitliches Verständnis des Menschen zu ermöglichen. Keinesfalls soll der Besuch bei einem Arzt oder Heilpraktiker ersetzt werden. Daher übernehmen Autor und Verlag keine Haftung für Ansprüche, die im Zusammenhang mit der Verwertung oder Anwendung der Hinweise, Übungen und Techniken in diesem Buch geltend gemacht werden.

© Hans-Nietsch-Verlag 2014
Alle Rechte vorbehalten.
Nachdruck, auch auszugsweise, nur mit ausdrücklicher Genehmigung des Verlages gestattet.

Lektorat: Dirk Grosser
Korrektorat: Petra Zwerenz
Bildvorlagen: Jürgen Pfaff und Peter Krafft
Bearbeitung: Rosi Weiß
Cover: Peter Krafft
Innenlayout und Satz: Rosi Weiß
Druck: Drukarnia Dimograf Sp z o.o. Bielsko-Biała/Polen

Hans-Nietsch-Verlag
Am Himmelreich 7
79312 Emmendingen

www.nietsch.de
info@nietsch.de

ISBN 978-3-86264-253-3

Inhalt

Vorwort 8
Wie du mit diesem Praxisbuch richtig umgehst 10
Das Schutzritual 14
Die Reinigung deiner Kanäle 16

Engel und Aufgestiegene Meister 18
Dein Schutzengel 20
Die Erzengel 23
Erzengel Gabriel 24
Erzengel Michael 26
Erzengel Raphael 28
Erzengel Zadkiel 30
Erzengel Uriel 32
Erzengel Chamuel 34
Erzengel Jophiel 36
Erzengel Metatron 38
Die Aufgestiegenen Meister 40
Christus 42
Maria 44
Lady Portia 46
Kuthumi 48
Hilarion 50
Lady Nada 52
Pallas Athena 54
Maha Chohan 56
El Morya 58
Serapis Bey 60
St. Germain 62

Die Energie der Farben 65

Rot 66

Orange 68

Gelb 70

Grün 72

Rosa 74

Blau 76

Violett 78

Weiß 80

Türkis 82

Naturwesen 85

Elfen 86

Einhörner 88

Devas 90

Faune (Baumgeister) 92

Delfine 94

Zwerge 96

Die Harmonisierung der Chakren 98

Erdchakra 100

Fußchakren 102

Kniechakren 104

Wurzelchakra 106

Sakralchakra 108

Solarplexuschakra 110

Ellbogenchakren 112

Handchakren 114

Herzchakra 116

Thymuschakra 118

Halschakra 120

Meisterchakra 122

Stirnchakra 124

Kausalchakra	126
Scheitelchakra	128
Seelensternchakr	130

Situationsbedingte „Touch the Spirit"-Übungen 133

Durchsetzungsvermögen	134
Geduld	136
Entspannung	138
Erdung	140
Erfolg	142
Heilung	144
Klärung von Beziehungen	146
Klarer Ausdruck	148
Kraft	150
Lebensfreude	152
Leichtigkeit	154
Liebe	156
Loslassen	158
Reinigung der Aura	160
Verbindung mit der geistigen Welt	162
Wunschenergie	164

Ein paar Worte zum Abschluss	166
Buchempfehlungen	167
Wichtige Hinweise	168

Vorwort

Es war ein trüber Sonntagnachmittag im November, wie gemacht fürs Nichtstun. Nachdem ich die meiste Zeit faul auf dem Sofa verbracht hatte, nahm ich ein entspannendes Bad und las dabei. Mir war nicht klar, was bei diesem scheinbar harmlosen Bad auf mich zukommen würde, nein, wirklich nicht. Doch das spirituelle Buch, das ich las, stellte sich als ungeheuer tiefgehend heraus und beschrieb auf eindrückliche Weise Mentoren aus der geistigen Welt. Die Anleitung des Buches und mein allgemeiner Entspannungszustand trugen dazu bei, dass ich mich mit meinem Mentor aus der geistigen Welt verbinden konnte. Ich war völlig davon ergriffen, wer vor mir stand: Es waren Jesus Christus und Mutter Maria. Sie standen beide an einem Lagerfeuer und drehten sich zu mir um, als ich diese geistige Szenerie betrat. Ein Schauer nach dem anderen lief mir über den Rücken. Ich blickte in ihre unglaublich warmen Augen und ihr sanftes Lächeln traf mein Herz. Ich brauchte tatsächlich einen Augenblick Zeit, um mich auf diese erstaunliche Situation einzustellen. Ich fragte Christus, ob er eine Botschaft für mich habe. Und er erklärte mir, dass es an der Zeit sei, mit neuen, zeitgemäßen Dingen an die Öffentlichkeit zu gehen. Ich solle wieder ein Buch schreiben, das genau in diese Zeit passe – in die Zeit, in der der Menschheit das Fließen von Energien und das Spüren von Schwingungen langsam wieder bewusst wurde. Ich bedankte mich mehrfach für diesen Hinweis und verließ in Demut die Szene dort am Lagerfeuer. Ich fühlte mich, als sei das Konzept für dieses Buch schon fix und fertig in meinem Kopf vorhanden. Es schien so stimmig, dass ich am liebsten sofort aus der Wanne gesprungen wäre, meinen Laptop geschnappt und mich in ein stilles Kämmerlein verzogen hätte. Aber ganz so schnell sollte es dann doch nicht vor sich gehen. Ich arbeitete weiterhin geistig an meinem Buchkonzept und bat die geistige Welt immer wieder um Hilfe und Hinweise, falls ich etwas vergessen sollte. Am nächsten Tag dann, als ich allein war und Zeit hatte, begann ich mein Konzept zu schreiben. Nun hatte ich die ersten Sätze getippt und ich wusste, es würde zügig weitergehen. Denn die geistige Welt sagte ganz klar, dass dieses Arbeitsbuch gebraucht würde.

Das Leben vieler Menschen ist im Umbruch: Sie spüren Energien, Schwingungen ... und können all das nicht konkret zuordnen. Genau hier setzt dieses Buch an. Es dient der Schulung der Wahrnehmung, zur Ausdehnung des Bewusstseins auf andere Ebenen. Gehe mit diesem Buch spielerisch um, probiere aus und nimm dir genau das, was für dich gut ist. Die geistige Welt sagt mir auch immer wieder, dass ich darauf aufmerksam machen soll, dass es sich bei diesem Buch lediglich um eine Krücke handelt, die dir eine Zeit lang helfen kann, dann aber nicht mehr gebraucht wird, wenn du irgendwann allein mit all diesen wunderbaren Energien in Kontakt treten und diese uneingeschränkt nutzen kannst. Dahin will dieses Buch dich führen.

So, nun ran an die Praxis! Viel Spaß, viele Erkenntnisse und viele wunderbare Erlebnisse wünsche ich dir von ganzem Herzen.

Und zuletzt noch: Ich werde dich als Leser in diesem Buch duzen, weil ich glaube, dass die Dinge, von denen ich hier spreche, so intim und inniglich sind, dass mir das Siezen seltsam distanziert vorkäme. Ich hoffe, das ist in Ordnung für dich …

Alles Liebe,
Jürgen Pfaff

P.S. Wenn du Kontakt zu mir aufnehmen möchtest oder vielleicht Anregungen hast oder Kritik, oder mir einfach deine Erfahrungen mitteilen willst, maile mir unter:
j-pfaff@gmx.de oder über meine *Homepage j-pfaff.npage.de*

Wie du mit diesem Praxisbuch richtig umgehst

Mit einer rein theoretischen Abhandlung möchte ich mich hier nicht beschäftigen und dich auch nicht damit aufhalten. Sicherlich hast du schon viel gelesen über die verschiedenen Energien. Ich werde dir in jedem Abschnitt das Wichtigste zusammenfassen, damit du mit den jeweiligen Energien und Schwingungen ganz gezielt arbeiten kannst. So findest du im weiteren Verlauf dieses Buches stets eine Abbildung einer Hand auf der linken Buchseite. Genau hierauf legst du deine linke Hand, dann gehst du in dich und tauchst in die jeweiligen Energien ein.

Du fragst dich jetzt vielleicht: Wie ist so etwas möglich? Wie kann das funktionieren? Das ist ganz einfach zu erklären: Die geistige Welt hat mir eine Technik zur Verfügung gestellt, durch die ich eine Verbindung zu der jeweiligen Schwingung des Engels, des Aufgestiegenen Meisters, der Farbe oder des Chakras herstellen kann. Dieses Verbindungsritual ist in einem kosmischen Depot gespeichert. Die jeweils abgebildete Hand und der in kleiner Schrift angegebene Code sind sozusagen die Adresse dieses Depots, auf das du nun zugreifen kannst, beziehungsweise bestimmen den Kanal der Schwingungen. Das Depot an sich ist unantastbar. Das bedeutet, Fremdschwingungen oder störende Frequenzen haben hier keine Chance. Das Depot selbst und der Weg dorthin sind also geschützt, bleiben rein und klar und übermitteln die Botschaften unverfälscht.

Zu jeder Hand-Abbildung und dem Zugang zum jeweiligen Schwingungsdepot findest du zudem eine kurze Beschreibung der Schwingung selbst. Du erfährst, wie du dich mit ihr verbinden kannst und wie lang du in der jeweiligen Energie verweilen solltest. Außerdem wird beschrieben, in welchen Situationen oder Bereichen deines Lebens du diese Schwingungen hilfreich einsetzen kannst, also: wie du sie wann nutzen kannst. Lies bitte immer erst die Kurzbeschreibungen, bevor du in die Schwingung eintauchst und mit ihr arbeitest. Das ist sehr wichtig. Dein Ziel sollte es letztendlich sein, dass du die jeweilige Schwingung wahrnimmst, deine Wahrnehmung immer weiter verfeinerst, die Schwingung irgendwann intuitiv erkennst und nach einiger Zeit des Übens in der Lage bist, direkt, also ohne dieses Buch als Hilfsmittel, in diese Schwingung einzutreten bzw. dich mit ihr sofort und ohne Umweg zu verbinden. Das ist natürlich Übungssache. Die Informationen und vor allem natürlich die abgebildeten Schwingungscodes in diesem Buch geben dir eine wunderbare Möglichkeit zu üben. Du wirst sehen, es macht Spaß, mit den Energiefeldern Kontakt aufzunehmen und mit ihnen zu arbeiten. Mit jeder Übung wird dein Bewusstsein erweitert und du wirst die einzelnen Schwingungen immer besser spüren und erkennen. Sei offen und lass es zu.

Mir ist es sehr wichtig, dass du dich von diesem Buch nicht abhängig machst. Lerne, deiner eigenen Intuition zu vertrauen! Das Buch dient wirklich nur dazu, dich zu schulen – deine Wahrnehmung, dein Vertrauen, dein Bewusstsein. Traue dich und vertraue dir. Betrachte das Gelesene als Brücke, die du irgendwann einmal überquert hast. Danach kannst du den Pfad der Schwingungen selbst entlanggehen.

Wenn du magst, lies und übe nach und nach von der ersten bis zu letzten Seite, um einmal einen kompletten Überblick zu erhalten. Später kannst du einfach intuitiv eine Seite aufschlagen und dich mit den Energien, zu denen du hier Zugang bekommst, verbinden. Denke daran: Es gibt keinen Zufall! Die Seite, die du aufschlägst, ist in diesem Augenblick genau die richtige für dich.

Jedes Mal, wenn du beginnst, mit den Energieverknüpfungen dieses Buches zu arbeiten, solltest du zuerst „Das Schutzritual" (Seite 14 f.) und anschließend „Die Reinigung deiner Kanäle" (Seite 16 f.) durchführen. Gehe jeweils so vor, wie beschrieben. Das Schutzritual sollte wirklich stets durchgeführt werden, bevor du dich mit einer Energie verbindest. Denn du sollst geschützt sein, während du dich öffnest. Dieses Ritual verhindert, dass sich andere, vielleicht nicht so positive Energien andocken und dich womöglich blockieren. Wenn du ein eigenes Schutzritual hast, das du regelmäßig verwendest, so kannst du natürlich auch dieses benutzen.

Wir alle haben einen Kanal oder vielleicht auch mehrere Kanäle in die geistige Welt. Der Volksmund sagt auch „einen Draht nach oben". In unserem Alltag kann es passieren, dass dieser Zugang zu höheren Energien „verschmutzt" wird und der Kontakt in die geistige Welt oder zu den Schwingungen auf diese Weise „getrübt" ist und einfach nicht mehr so gut funktioniert. Hier ist die Übung „Die Reinigung deiner Kanäle" von Nutzen: Bitte verbinde dich jedes Mal, nachdem du das Schutzritual durchgeführt hast, mit dieser Energie. Sie reinigt deine Kanäle noch einmal, belebt dein Innerstes und integriert alle Anteile deines Selbst. Zudem fördert diese Übung die klare Wahrnehmung.

Ich möchte es noch einmal wiederholen, weil es mir wirklich sehr wichtig ist: Bitte verwende stets beide Übungen (das Schutzritual und die Reinigung deiner Kanäle), bevor du beginnst, mit anderen Schwingungen und Energien zu arbeiten. Zumindest solltest du es in der ersten Zeit so halten, bis du sicher im Umgang und Spüren von Energien und Schwingungen bist.

Die Seiten, auf denen du eine Hand abgebildet siehst, geben dir die Möglichkeit, dich mit den jeweiligen Schwingungen zu verbinden. Du solltest dich diesen Schwingungen jedoch achtsam nähern und nicht einfach in diese oder jene „hineinspringen". Ich selbst bin zum Beispiel ein Mensch, der stets neugierig ist. Daher könnte es mir passieren, dass ich sofort beim Aufschlagen dieses Buches kurz in alle möglichen Energien hineinspüre. Ein solches Vorgehen würde ich dir auf keinen Fall empfehlen! Gehe dosiert mit den Schwingungen um. Nähere dich der Sache langsam. Verbinde dich zunächst mit einer oder mit zwei Energien und am nächsten Tag wieder mit einer oder zwei Schwingungen. Du wirst es spüren, wenn es einen ernst zu nehmenden Impuls gibt, der dir sagt, dass du bereit bist, in mehrere Energien nacheinander einzutreten. Gehe nicht zu schnell voran. Lass alles auf dich und in dir wirken und schau, was geschehen will. Wenn du zum Beispiel gerade in der Raphael-Energie warst, kann es sein, dass diese noch lang nachwirkt, auch wenn du deine linke Hand schon lang von der Abbildung genommen hast. Was ich damit sagen möchte, ist: Gib den Energien und Schwingungsfeldern genügend Raum, damit sie ihre Wirkung entfalten können.

Jede nun folgende Verbindungs-Doppelseite ist gleich aufgebaut. Auf der rechten Seite findest du folgende Punkte, die dir einiges über die jeweilige Schwingung verraten und das Aufnehmen des Kontaktes erleichtern bzw. näher erläutern:

- **Informationen:** Du erhältst zunächst Hintergrundinformationen zur jeweiligen Energie.
- **Sinn und Zweck:** Du erfährst, für welchen Zweck diese Energie nutzbar ist.
- **Anwendung:** Hier wird erläutert, was du während der Verbindung tun kannst.
- **Dauer der Verbindung:** Du kannst nachlesen, wie lang du die Hand auflegen, wie lang du in der Energie bleiben solltest.
- **Absicht:** Du erfährst, wie du deine Absicht formulierst.
- **Trennen:** Es wird erklärt, wie du dich wieder von dieser Schwingung löst.

Auf jeder rechten Seite sind also die wichtigsten Informationen im Überblick zu finden. Auf der linken Seite siehst du die Abbildung einer Hand, auf die du deine linke Hand legst, um dich mit der jeweiligen Energie zu verbinden. Schaffe dir eine ruhige und stimmungsvolle Umgebung, bevor du mit den nachfolgenden Energien Kontakt aufnimmst und zu arbeiten beginnst. Sorge dafür, dass du ungestört bist, lasse vielleicht leise Musik im Hintergrund laufen, zünde ein Räucherstäbchen an ... Sorge dafür, dass du dich wohlfühlst und dich entspannen kannst.

Nun habe ich genug theoretisch erklärt – wir gehen direkt zur Praxis über. Denn schließlich willst du ja die Schwingungen erleben und für dich zum Höchsten und Besten nutzen. Richtig? Na dann los!

Schutzritual, Code S376510932

Das Schutzritual

(Bitte stets vor dem Arbeiten mit den Energien anwenden.)

Information: Schutz ist sehr wichtig, und wir sollten jeden Tag dafür Sorge tragen, uns nicht ungeschützt Fremdenergien auszusetzen. Das dauert nur wenige Minuten. Nimm dir am besten jeden Morgen Zeit dafür, dich zu schützen – entweder mit diesem Ritual oder aber mit einem anderen, das dir guttut. *Schutz* meint hier „energetischen Schutz". Es bedeutet nicht, dass eine undurchdringliche Mauer um dich herum aufgebaut wird, sondern nur, dass Negatives oder Schädigendes von dir ferngehalten wird. Du kannst weiterhin deine Umwelt wahrnehmen und sie dich. Das ist wichtig. Denn hätten wir lediglich eine Mauer um uns herum, würden wir uns wundern, dass niemand mehr Notiz von uns nimmt. Dieses Ritual verbindet dich mit einem energetischen Schutz, das dich wie eine Membran umhüllt, positive Energien hindurchlässt und negative außen vor hält.

Sinn und Zweck: Fremdenergien werden daran gehindert, zu stören oder zu beeinflussen.

Anwendung: Setze dich bequem hin, lege deine linke Hand auf die Abbildung und lasse geschehen, was geschehen mag.

Dauer der Verbindung: Machst du diese Übung zum ersten Mal, dann kann es 5 Minuten dauern, bis du etwas spürst. Je öfter du diese Übung machst, desto weniger Zeit braucht sie, um zu wirken. Du nimmst irgendwann einen Impuls wahr, der dir sagt, dass der Schutz jetzt für dich da ist und dich sanft umhüllt. Der Schutz hält mehrere Stunden an.

Absicht: Um zu signalisieren, dass du diesen Schutz wirklich möchtest, sage einfach in Gedanken: „Ich bitte jetzt um Schutz."

Trennen: Du wirst einen deutlichen Impuls wahrnehmen, der dir sagt, wann du deine Hand von der Abbildung lösen und den Kontakt beenden kannst. Es gibt keinen Zufall, folge dem ersten Impuls. Vergiss nicht, dich für die Erfahrung zu bedanken.

Reinigung der Kanäle, Code R876348987

Die Reinigung deiner Kanäle

(Bitte stets nach dem Schutzritual und vor dem Arbeiten mit den anderen Energien anwenden.)

Information: Alle Menschen haben einen oder vielleicht auch mehrere Kanäle, um Kontakt in die geistige Welt aufzunehmen. Doch meistens sind diese Kanäle oder Verbindungen „verschmutzt", was z. B. durch Stress ausgelöst werden kann. Da unser moderner Alltag meist recht hohe Anforderungen an uns stellt, sollten wir diese Reinigung also immer wieder einmal durchführen. Es handelt sich um eine energetische Reinigung, die einen klaren und reinen Kontakt in die geistige Welt gewährleisten kann. Bevor du mit anderen Energien zu arbeiten beginnst, führst du zuerst einmal das Schutzritual und dann diese Reinigung durch – und das jedes Mal. Du wirst erstaunt sein, wie schnell deine Verbindung in die geistigen Welten steht. Und je öfter wir unseren Kanal benutzen, desto reiner, klarer, ausgeprägter und stabiler ist er.

Sinn und Zweck: Wie mit einem Dampfreiniger wird dein Kanal in die geistige Welt gereinigt, gestärkt und stabilisiert. Vielleicht ist das ein merkwürdiges Bild, doch es ist sehr zutreffend, da die Reinigung rasend schnell geschieht.

Anwendung: Setze dich bequem hin, lege deine linke Hand auf die Abbildung und lasse geschehen, was geschehen mag.

Dauer der Verbindung: Machst du diese Übung zum ersten Mal, dann kann es 5 Minuten dauern, bis du etwas spürst. Je öfter du diese Übung machst, desto weniger Zeit braucht sie, um zu wirken. Die Klarheit deines Kanals bleibt mindestens für die Dauer deiner Arbeit mit anderen Energien erhalten. Meist hält sie sogar mehrere Stunden an.

Absicht: Um zu signalisieren, dass du diese Reinigung und Stabilität wirklich möchtest, sage einfach in Gedanken: „Ich bitte jetzt, meine Verbindung in die geistige Welt zu reinigen und zu stabilisieren."

Trennen: Du nimmst einen deutlichen Impuls wahr, der dir sagt, wann du deine Hand von der Abbildung lösen kannst. Es gibt keinen Zufall, folge dem ersten Impuls. Vergiss nicht, dich für die Erfahrung zu bedanken.

Engel und Aufgestiegene Meister

Nachfolgend hast du die Gelegenheit, dich mit der Welt der Engel und der Aufgestiegenen Meistern zu verbinden. Der Unterschied zwischen Engeln und Aufgestiegenen Meistern ist, dass die Aufgestiegenen Meister im Gegensatz zu den Engeln einmal auf unserer Erde inkarniert waren. So war zum Beispiel St. Germain bereits als Mensch in unseren Breiten zu Hause, während Erzengel Michael keine Erfahrung als menschliches Wesen hat.

Jeder Engel, jeder Erzengel, jeder Aufgestiegene Meister hat unterschiedliche und spezielle Energien. Auf den folgenden Seiten kannst du dich auf einfache Weise mit diesen wunderbaren Energien verbinden und mit ihnen arbeiten.

Ich bin zwar kein Freund von Hierarchien in der geistigen Welt, aber man liest immer wieder von einer gewissen Rangfolge der Wesenheiten. Automatisch bringt eine solche Aufgliederung dieser Wesen in verschiedene Ebenen eine gewisse Hierarchie mit sich. Das ist von mir jedoch nicht so gemeint und soll auf keinen Fall eine Aussage über irgendeine Form von unterschiedlicher Wertigkeit sein. Für mich sind alle Wesenheiten gleichermaßen wichtig. Jedes Wesen hat seine eigene Energie, die eine bestimmte Wirkung auf uns hat. Hier geht es nur um diese Energien, nicht darum, wer hier über wem anzusiedeln ist. Aber sieh selbst, wie du die Aufgliederung und die Ebenen annehmen kannst. Ich kann dir nur empfehlen, mit den Engelenergien spielerisch umzugehen. Engel mögen Leichtigkeit und lieben es, wenn wir Menschen fröhlich sind und lachen. Viele Menschen haben des Öfteren Kontakt mit einem himmlischen Wesen. Nur ordnet man dies nicht als solchen Kontakt ein. Oft ist es die leise innere Stimme, mit der sich Engel bemerkbar machen. Oder sie machen über ein Gefühl auf sich aufmerksam. Es gibt Menschen, die Engel riechen können. Sei aufmerksam und finde heraus, wie du diese Wesen wahrnehmen kannst. Achte auf alles, auf alle Kleinigkeiten und vor allem auf die „leise" Stimme, die du in dir hörst, wenn du den Kontakt hergestellt hast.

Übrigens gibt es in der geistigen Welt eine Regel, die Engelwesen, und hier ist es ganz egal aus welcher Ebene, beachten und befolgen müssen. Engel dürfen sich niemals ungefragt in unser Leben einmischen. Sie würden sonst unseren freien Willen missachten. Möchtest du also, dass Engel oder Aufgestiegene Meister dir hilfreich zur Seite stehen, dann solltest du sie um Unterstützung bitten und in dein Leben einladen. Erst dann dürfen sie zu dir kommen. Wenn du deine Hand auf die entsprechende Buchseite legst und den Zugangscode nutzt, gilt dies übrigens als bewusste Einladung und der Engel oder der Aufgestiegene Meister darf sich um dein Anliegen kümmern.

Es gibt allerdings eine einzige Ausnahmesituation, in der sich die Engel ungefragt in unser Leben einmischen: Wenn wir uns in Lebensgefahr gebracht haben und unsere Lebensuhr noch nicht abgelaufen ist, dürfen Engel auch ohne unsere ausdrückliche Aufforderung eingreifen.

Im Folgenden findest du die Engelebenen der traditionellen Hierarchie folgend dargestellt:

Schutzengel:	Schutzengel sind uns am nächsten und sind für uns am leichtesten wahrzunehmen. Jedes Lebewesen hat mindestens einen Schutzengel. Wenn wir uns darauf einlassen und Verbindung zu ihm aufnehmen, können wir sogar seinen Namen erfragen.
Aufgestiegene Meister:	Aufgestiegene Meister sind Wesenheiten, die bereits auf der Erde in einem menschlichen Körper Erfahrungen sammeln durften. Zu nennen sind hier zum Beispiel Mutter Maria, St. Germain und Jesus Christus. Diese Wesen wissen genau, was es bedeutet, in einem Körper auf diesem Planeten zu leben.
Erzengel:	Erzengel sind höher schwingende Energien als die Schutzengel. Die bekanntesten dürften Erzengel Raphael, Michael und Gabriel sein. Aber es gibt noch einige mehr. Jeder Erzengel hat bestimmte Eigenschaften und Energien, mit denen du auf den folgenden Seiten Erfahrungen sammeln kannst.
Cherubim/Elohim:	Die Cherubim sind die Hüter des Gartens Eden. Mit flammenden, blitzenden Schwertern bewachen sie den Weg zum Baum des Lebens. Sie hindern Menschen, die noch nicht bereit dafür sind, ins Paradies – in die Einheit – zu gelangen. Andererseits können sie aber auch für andere Menschen die Verbindung zur Einheit herstellen, wenn sie spüren, dass eine innere Bereitschaft und Reife vorhanden sind. Ein Cherub (Plural: Cherubim) ist ein Geistwesen der jüdisch-christlichen Mythologie, das sich in der unmittelbaren Nähe Gottes aufhält. Es zeigt die Gegenwart Gottes an und reflektiert dessen Wissen und Weisheit. Im Alten Testament wird der Cherub an die hundertmal erwähnt. Das hebräische Wort *Cherub* bedeutet so viel wie „Fülle der Weisheit" oder „Übertragung der Erkenntnis" und bezieht sich auf ein Wesen, das sich für den Menschen einsetzt und ihn bewacht. Die Elohim sind kraftvolle Engel, die direkt aus der göttlichen Kraft entstanden sind. Sie verkörpern die göttlichen Prinzipien in reiner und kraftvoller Form. Elohim sind Wesen mit einer hohen, mächtigen Schwingung. Daher wird ihr Name auch mit „die Gewaltigen" oder „die Lichtvollen" übersetzt. Ihre Kraft stammt aus der unmittelbaren Verbindung mit dem Schöpfer.[*]
Serpahim:	Die Seraphim sind die Engelgruppe, die an Gottes Thron zu Hause sind. Sie haben eine weiße, klare und stark reinigende Energie. Die Seraphim machen bewusst, was nicht mehr für uns Menschen förderlich ist und helfen uns beim Loslassen und bei der Transformation. Außerdem helfen sie uns, Neues, das nötig ist für unsere Weiterentwicklung, in unser Leben zu integrieren.[*]

---

[*] Wenn du dich für die Elohim interessierst, kann ich dir das Buch *Die Elohim* von Petra Schneider empfehlen.
[*] Wenn du dich näher mit den Seraphim auseinandersetzen möchtest, lege ich dir mein Buch-Karten-Glasnugget-Set *Die Seraphim erleben* ans Herz.

Schutzengel, Code S135792468

Dein Schutzengel

Information: Alle Menschen haben mindestens einen Schutzengel, meist sogar mehrere. Diese geistigen Wesen halten sich in unserer Nähe auf und werden auch oft von uns wahrgenommen, da sie unserer Schwingung am nächsten sind. Es ist möglich, dass ein Schutzengel „seinen Menschen" im Laufe eines Menschenlebens wechselt, was bedeutet, dass wir auch einmal einen anderen Schutzengel bekommen können. Schutzengel sind offene und sehr aufmerksame Engel. Sie passen auf den ihnen anvertrauten Menschen auf und greifen ungefragt ein, wenn er sich in Lebensgefahr befindet und seine Lebensuhr noch nicht abgelaufen ist. Ansonsten möchte auch er wie alle Engel um Hilfe gebeten werden. Dein Schutzengel wird dich niemals aus den Augen lassen.

Sinn und Zweck: Manche Menschen möchten gern wissen, wie ihr Schutzengel heißt, oder sie möchten die Wesenheit einmal vor ihren eigenen Augen sehen. Oder du möchtest einfach einmal in ein Zwiegespräch mit deinem Engel gehen.

Anwendung: Setze dich bequem hin, lege deine linke Hand auf die Abbildung und lasse geschehen, was geschehen mag. Wichtig: Achte auf die leisen Unterschiede, die sich jetzt einstellen (Stimme, Gefühl, Duft …).

Dauer der Verbindung: Du kannst diese Verbindung so lange aufrechterhalten, wie du es möchtest und wie es sich gut für dich anfühlt. Wenn du gerade beginnst, deine Erfahrungen mit der geistigen Welt zu machen, halte die Verbindung erst einmal nicht länger als 20 Minuten.

Absicht: Um zu signalisieren, dass du wirklich die Absicht hast, mit deinem Schutzengel Verbindung aufzunehmen, sage einfach in Gedanken: „Ich bitte jetzt um eine klare Verbindung zu meinem Schutzengel."

Trennen: Achte genau auf dein Gefühl, das dir sagen wird, wann du deine Hand wieder von der Abbildung lösen sollst. Es gibt keinen Zufall, folge dem ersten Impuls. Vergiss nicht, dich anschließend zu bedanken.

Die Erzengel

Erzengel verfügen über sehr klare Energien, ihnen sind bestimmte, genau definierte Aufgaben zugeordnet und wir können sehr leicht mit ihnen in Kontakt treten. Mit Erzengeln kann man zielgerichtet wunderbare Erfahrungen machen.

Doch was genau sind Erzengel? Erzengel stehen dem Göttlichen oder, wenn du willst, Gott sehr nahe und dienen ihm seit Anbeginn der Zeit. Früher hat man sie auch „die Fürsten Gottes" genannt. Sie sind der höchsten Quelle zugeordnet. Wie Fürsten stehen den Erzengeln große Scharen von Engeln zur Seite, die ihnen bei der Erfüllung ihrer Aufgaben helfen, und mit denen sie stets verbunden sind. Manchmal sind Erzengel von ganzen Heerscharen von Helfern umgeben. Das ist deutlich zu spüren, wenn du beispielsweise zur Schmerzlinderung Erzengel Raphael anrufst. Er erscheint oft nicht allein, sondern bringt seine Helfer mit. Erzengel wirken im gesamten Universum und ihre Energie ist allgegenwärtig. Sie sind an der Erfüllung des göttlichen Planes beteiligt.

Die bekanntesten Erzengel sind Michael, Gabriel, Raphael, Zadkiel, Uriel, Haniel, Chamuel und Jophiel. Die hebräische Endung *el* bedeutet „wie Gott, von Gott, Gott repräsentieren". Diese Gottesboten schenken uns Kraft und Liebe. Sie helfen uns, Ruhe und inneren Frieden zu finden. Erzengel helfen uns loszulassen, nehmen uns Kummer, Sorgen und Ängste, wenn wir uns Ihnen anvertrauen. Natürlich nur, wenn es unserer Entwicklung dient und uns durch ihr Eingreifen keine Erfahrung verwehrt bleibt, die wichtig für unsere Seele ist.

Durch die Kraft der Erzengel werden wir Menschen wieder mit unserem Wesenskern verbunden. So können wir oft wahrnehmen, wer wir wirklich tief in unserem Inneren sind, welche Möglichkeiten wir haben, welche Fähigkeiten in uns noch nicht erwacht sind und welche wir davon entfalten sollten. Die Erzengel helfen uns – wenn wir sie in unser Leben einladen – zu erkennen, was uns hindert, diese Blockaden aus dem Weg zu räumen und unseren Weg weiter zu beschreiten. Die Erzengel besitzen die Fähigkeit, Schleier zu entfernen, indem sie uns bei der Arbeit an uns selbst unterstützen. Sie haben uns Menschen hier auf der Erde schon immer begleitet, doch haben wir uns im Laufe der Zeit immer mehr von ihnen entfernt und sie damit aus unserem Bewusstsein mehr und mehr gelöscht.

Sobald du Kontakt zu den Erzengeln aufnimmst, wirst du – je nachdem, wie geübt und empfindsam du bist – die Schwingungen wahrnehmen und Antworten erhalten. Nimm Kontakt auf zu diesen wunderbaren, sanften himmlischen Wesen, den Erzengeln.

Engel machen sich auf die verschiedenste Art bemerkbar. Vielleicht gehörst du zu den Menschen, die ein Kribbeln spüren, denen es warm wird, die Gänsehaut bekommen, die einen Lufthauch spüren, die einen veränderten Luftdruck im Raum wahrnehmen, die einen Duft erkennen, oder du kannst sie vielleicht sehen oder hören. Gehe einfach spielerisch mit diesen Erfahrungen um. Nimm Kontakt auf, indem du deine linke Hand auf die jeweilige Abbildung legst und offen bist. Wunderbares kann geschehen, wenn wir es nur zulassen.

Erzengel Gabriel, Code Gab785290101

Erzengel Gabriel

Information:	Erzengel Gabriel hat eine wunderbare, klare und reine Energie. Ihm wird die Farbe Weiß zugeordnet. Er wird oft als strahlend weiße Lichtgestalt wahrgenommen. Er steht für alles Neue und ist Überbringer von neuen Informationen, neuen Energien. Wenn du schon lang neue Vorhaben geplant, doch nicht die nötige Energie hast, das Neue in die Welt zu bringen oder neue Wege zu gehen, hilft dir Erzengel Gabriel mit seiner reinen Energie. Er kann dir Möglichkeiten aufzeigen, wie du das Neue in dein Leben integrieren kannst. Gabriel hilft dir auch, Altes zu überdenken und Klarheit darüber zu erlangen, was neu gestaltet werden sollte. Wünschst du dir einen neuen Arbeitsplatz, ein neues Aufgabengebiet? Dann rufe Gabriel. Oder möchtest du neuen Schwung in deine Partnerschaft bringen? Dann nutze seine Energie. Erzengel Gabriel ist für alles Neue zuständig.
Sinn und Zweck:	Wenn du Neues in dein Leben einladen möchtest und dir nicht ganz sicher bist, was genau dir gut täte und wie du dies erreichen könntest, setze dich mit Erzengel Gabriel in Verbindung. Er wird dir Klarheit bringen und die nötige Energie schenken, dein Vorhaben zu planen und in die Realität umzusetzen.
Anwendung:	Setze dich bequem hin, lege deine linke Hand auf die Abbildung und lasse geschehen, was geschehen mag. Wichtig: Achte auf die leisen Unterschiede, die sich jetzt einstellen (Stimme, Gefühl, Duft …).
Dauer der Verbindung:	Du kannst diese Verbindung so lange aufrechterhalten, wie du möchtest, und solange es sich für dich gut anfühlt. Wenn du gerade beginnst, deine Erfahrungen mit der geistigen Welt zu machen, halte den Kontakt bitte nicht länger als 20 Minuten.
Absicht:	Um zu signalisieren, dass du wirklich die Absicht hast, ganz klar mit Erzengel Gabriel in Verbindung zu treten, sage einfach in Gedanken: „Ich bitte jetzt um eine klare Verbindung zu Erzengel Gabriel." Wenn du möchtest, formuliere noch den Grund, warum du jetzt Kontakt zu Erzengel Gabriel haben möchtest.
Trennen:	Du nimmst einen deutlichen Impuls wahr, der dir sagt, wann du deine Hand von der Abbildung lösen und den Kontakt beenden kannst. Es gibt keinen Zufall, folge dem ersten Impuls. Vergiss nicht, dich anschließend zu bedanken.

Erzengel Michael, Code Mi953284510

Erzengel Michael

Information: Erzengel Michael wird meist in der Farbe Blau wahrgenommen. Michael steht für massiven Schutz und für die Abtrennung von Energien, die nicht mehr förderlich für die eigene Entwicklung sind. Erzengel Michael benutzt zur Abtrennung von energetischem Ballast sein goldenes Schwert. Dieses Schwert kann man wunderbar bei der Arbeit visualisieren und damit noch deutlicher spüren. Oft ist es eine wahre Erleichterung, zu fühlen, dass Michael etwas Altes von uns abgetrennt hat.

Sinn und Zweck: Spürst du zum Beispiel nach dem Ende einer Liebesbeziehung, dass noch Energien deines früheren Partners in deinem Energiefeld vorhanden sind, und du von diesen Energien bewusst oder unbewusst noch immer beeinflusst wirst, so kannst du dich mit Erzengel Michael in Verbindung setzen. Er wird diese belastenden Stränge durchtrennen und somit dazu beitragen, dass du wieder du selbst sein kannst. Nicht nur bei Partnerschaften ist das eine wunderbare Art Altes abzulegen, sondern auch bei anderen Dingen. Wann immer du denkst, dass etwas aus deiner Aura, aus deinem energetischen Feld zum Besten aller entfernt werden sollte, setze dich mit Erzengel Michael in Verbindung. Wenn du einen starken Schutz benötigst, so kann Michael dir diesen geben.

Anwendung: Setze dich einfach bequem hin, lege deine linke Hand auf die Abbildung und lasse geschehen. Wichtig: Achte auf die leisen Unterschiede, die sich jetzt einstellen (Stimme, Gefühl, Duft …).

Dauer der Verbindung: Du kannst diese Verbindung aufrechterhalten, solange du das möchtest und solange es sich gut für dich anfühlt. Oft ist eine klare Abtrennung oder die Gewährung von Schutz in wenigen Augenblicken erledigt. Falls du jedoch länger in dieser ruhigen und kräftigen Energie von Erzengel Michael bleiben möchtest, so kannst du dies natürlich tun. Wenn du gerade beginnst, Erfahrungen in der geistigen Welt zu sammeln, halte den Kontakt zu Beginn nicht länger als 20 Minuten.

Die Absicht: Um zu signalisieren, dass du wirklich die Absicht hast, ganz klar mit Erzengel Michael in Verbindung zu treten, sage einfach in Gedanken: „Ich bitte jetzt um eine klare Verbindung zu Erzengel Michael." Wenn du möchtest, formuliere auch den Grund, warum du jetzt die Unterstützung von Erzengel Michael benötigst.

Trennen: Du verspürst einen Impuls, der dir sagt, wann du deine Hand von der Abbildung lösen kannst. Es gibt keinen Zufall, folge dem ersten Impuls. Vergiss nicht, dich anschließend zu bedanken.

Erzengel Raphael, Code Ra153865090

Erzengel Raphael

Information:	Erzengel Raphael ist der Engel der Heilung. Ihm wird die Farbe Grün zugeordnet. Egal, was dir wehtut, ob es körperlicher Natur ist oder ob du auf deiner Gefühlsebene „Schmerzen" hast: Erzengel Raphael mit all seinen Helfern kann hier Linderung verschaffen. Doch bedenke bitte, dass jede Art von Unwohlsein, Schmerz und Krankheit dir etwas sagen möchte. Jede Unpässlichkeit bedeutet, dass du irgendetwas nicht so läuft, wie es sollte. Dein Körper meldet sich um dir mitzuteilen, dass etwas in deinem Leben nicht in Ordnung ist. Finde es heraus, erkenne die Ursache und ändere diese. Raphael wird dich unterstützen.
Sinn und Zweck:	Wenn du z. B. mal wieder zu viel gegessen hast und dein Magen sich bemerkbar macht, kannst du den Grund für dein Unwohlsein erkennen, worauf Erzengel Raphael in der Lage ist, dir zu helfen und Linderung zu verschaffen. Auch wenn du mal wieder Verspannungen in den Schultern hast, kannst du leicht herausbekommen, was die Ursache ist. Vielleicht hast du zu lang am PC gesessen. Dann solltest du die Ursache abstellen und Erzengel Raphael rufen, der dir jetzt Linderung verschafft. Raphael ist natürlich kein Freibrief dafür, mit seinem Körper ständig schlecht umzugehen! Und beachte bitte, dass diese Art der Behandlung keinen Arzt, Heilpraktiker oder Therapeuten ersetzt.
Anwendung:	Setze dich einfach bequem hin, lege deine linke Hand auf die Abbildung und lasse geschehen. Wichtig: Achte auf die leisen Unterschiede, die sich jetzt einstellen (Stimme, Gefühl, Duft ...).
Dauer der Verbindung:	Du kannst diese Verbindung aufrechterhalten, solange du das möchtest und solange es sich gut für dich anfühlt. Wenn du an der Stelle, die schmerzt, ein Kribbeln oder eine andere Veränderung verspürst, kannst du dir sicher sein, dass die Raphael-Energie arbeitet. Oft bitte ich dann auch darum, dass die Energie so lange arbeiten soll, bis der Schmerz der Vergangenheit angehört, auch noch nachdem ich meine Hand von der Abbildung weggenommen habe.
Die Absicht:	Um zu signalisieren, dass du wirklich die Absicht hast, mit Erzengel Raphael in Verbindung zu treten, sage einfach in Gedanken: „Ich bitte jetzt um eine klare Verbindung zu Erzengel Raphael." Wenn du möchtest, formuliere auch den Grund, warum du jetzt Kontakt zu Erzengel Raphael haben möchtest und was er für dich tun soll.
Trennen:	Du verspürst einen Impuls, der dir sagt, wann du deine Hand von der Buchseite lösen kannst. Es gibt keinen Zufall, folge dem ersten Impuls. Vergiss nicht, dich zu bedanken.

Erzengel Zadkiel, Code Za851864012

Erzengel Zadkiel

Information: Erzengel Zadkiel steht unter anderem für Wandlung, Befreiung, Spiritualität, Weite des Geistes und Transformation! Diesem Erzengel wird die Farbe Violett zugeschrieben. Violett ist eine sehr spirituelle Farbe und bringt Extreme zusammen. Wenn du dir zum Beispiel anschaust, aus welchen Primärfarben Violett zusammengesetzt ist, wird das deutlich: Violett besteht aus Blau und Rot. Blau steht für Frieden, Vertrauen, den Glauben und Rot für das Irdische, die Kraft, Stärke und das Durchsetzungsvermögen. Violett vereinigt diese beiden Qualitäten zu einer hochspirituellen Farbe. Genau diese Qualität hat auch die Energie von Zadkiel.

Sinn und Zweck: Möchtest du dich in deiner spirituellen Kraft noch weiter entwickeln? Möchtest du deinen Geist erweitern? Oder vielleicht alte Dinge transformieren? Dann zögere nicht, dich mit Erzengel Zadkiel in Verbindung zu setzen. Mit seiner wunderbaren Energie sorgt er für Befreiung, damit eine Wandlung in die gewünschte Richtung geschehen kann. Bitte einfach Zadkiel um Hilfe. Die Energien von Zadkiel fühlen sich sehr sanft, vertrauensvoll, aber dennoch kraftvoll und stark an. Zadkiel hilft dir auch dabei, deine Spiritualität im Alltag leben und nutzen zu können. Bitte ihn einfach darum.

Anwendung: Setze dich einfach bequem hin, lege deine linke Hand auf die Abbildung und lasse geschehen. Wichtig: Achte auf die leisen Unterschiede, die sich jetzt einstellen (Stimme, Gefühl, Duft …).

Dauer der Verbindung: Du kannst diese Verbindung aufrechterhalten, solange du das möchtest und solange es sich gut für dich anfühlt. Oft ist eine klare Verbindung mit Zadkiel in wenigen Augenblicken möglich. Falls du jedoch länger in dieser besonderen Energie von Erzengel Zadkiel bleiben möchtest, so kannst du dies natürlich tun. Wenn du gerade deine ersten Schritte in die geistige Welt machst, halte den Kontakt bitte nicht länger als 20 Minuten.

Die Absicht: Um zu signalisieren, dass du wirklich die Absicht hast, mit Erzengel Zadkiel in Verbindung zu treten, sage einfach in Gedanken: „Ich bitte jetzt um eine klare Verbindung zu Erzengel Zadkiel." Wenn du möchtest, formuliere auch den Grund, warum du jetzt die Unterstützung von Erzengel Zadkiel benötigst.

Trennen: Du wirst einen Impuls verspüren, der dir sagt, wann du deine Hand von der Buchseite nehmen und den Kontakt beenden solltest. Es gibt keinen Zufall, folge dem ersten Impuls. Vergiss nicht, dich anschließend zu bedanken.

Erzengel Uriel, Code Ur75342879

Erzengel Uriel

Information: Erzengel Uriel ist der irdischste der Erzengel. Er ist sehr stark mit der Erde verbunden und daher wird ihm auch die Farbe Rot zugeordnet. Erzengel Uriel steht für Kraft und Stärke, für die Ausdauer und die Geborgenheit im Irdischen. Und er hilft uns auch bei unserer eigenen Erdung, schenkt uns festen Boden unter den Füßen und ermöglicht uns von diesem sicheren Ort aus zu handeln. Erzengel Uriel ist sehr kraftvoll. Seine Energien kann man sehr leicht von denen der anderen Erzengel unterscheiden. Seine Schwingung ist uns am vertrautesten, denn sie ist (wie gesagt) sehr an die Erde gebunden.

Sinn und Zweck: Uriel hilft dir bei allen irdischen Dingen. Das heißt, bei allen Angelegenheiten, die hier auf der Erde zu erledigen sind. Und wenn du meinst, dass du vielleicht nicht ganz geerdet bist und ein wenig abzuheben drohst, dann ist Uriel der Erzengel, der dich wieder in die Realität zurückbringt. Auch wenn du der Meinung bist, in deinem Leben mache sich Stillstand und Routine breit, dann ist Uriel der Engel der Wahl. Er wird wieder Bewegung in das bringen, was scheinbar festgefahren ist. Probiere es einfach aus! Uriel ist kraftvoll und hilft sehr schnell. Trotzdem wird er nur so weit helfen, wie du es in dieser Situation vertragen kannst. Wie alle Engel wird er niemals über die Grenzen des Ertragbaren hinausgehen.

Anwendung: Setze dich einfach bequem hin, lege deine linke Hand auf die Abbildung, lasse geschehen. Wichtig: Achte auf die leisen Unterschiede, die sich jetzt einstellen (Stimme, Gefühl, Duft ...).

Dauer der Verbindung: Du kannst diese Verbindung aufrechterhalten, solange du das möchtest und solange es sich gut für dich anfühlt. Oft ist eine klare Verbindung mit Uriel in wenigen Augenblicken möglich und die Hilfe, um die man ihn bittet, sehr schnell gewährt. Falls du jedoch länger in dieser besonderen Energie von Erzengel Uriel bleiben möchtest, so kannst du dies natürlich tun. Wenn du gerade die ersten Erfahrungen mit der geistigen Welt machst, halte den Kontakt zunächst bitte nicht länger als 20 Minuten.

Die Absicht: Um zu signalisieren, dass du wirklich die Absicht hast, mit Erzengel Uriel in Verbindung zu treten, sage einfach in Gedanken: „Ich bitte jetzt um eine klare Verbindung zu Erzengel Uriel." Wenn du möchtest, formuliere auch den Grund, warum du jetzt die Unterstützung von Erzengel Uriel benötigst.

Trennen: Du wirst einen Impuls verspüren, der dir sagt, wann du deine Hand von der Buchseite nehmen und den Kontakt beenden kannst. Es gibt keinen Zufall, folge dem ersten Impuls. Vergiss nicht, dich anschließend zu bedanken.

Erzengel Chamuel, Code Ch754987610

Erzengel Chamuel

Information: Erzengel Chamuel ist der Erzengel, der für alle Herzensangelegenheiten zuständig ist. Er ist der Erzengel der Liebe, der Zärtlichkeit, der Geborgenheit, des Herzens, der Selbstliebe und Selbstannahme, des Gefühls und der Schönheit. Sehr sanfte Energien sind Erzengel Chamuel zu eigen. Chamuel arbeitet direkt mit dem Herzen, auf der Gefühlsebene. Ihm wird die Farbe Rosa zugeordnet. Oft gehen mit dem Kontakt zu Chamuel sehr starke Herzensgefühle einher.

Sinn und Zweck: Chamuel hilft bei Herzschmerz, bei Liebeskummer, bei Verlangen nach Annahme und Liebe. Dabei sendet Chamuel ganz sanfte, sehr zarte Energien, die direkt mit unserem Herzen verschmelzen. Es ist eine Wohltat, diese Energien zu spüren. Es ist einfach Balsam für die Seele. Mit den Schwingungen von Erzengel Chamuel kann man im wahrsten Sinne des Wortes auftanken, und auf der Gefühlsebene viel Heilung erfahren. Hat man erst mal den Kontakt hergestellt, fällt es schwer, ihn wieder zu beenden, so wohltuend ist die Chamuel-Energie. Chamuel hilft auch, uns bewusst zu machen, was uns wirklich fehlt und wie wir neue Wege gehen können, um das Fehlende in unser Leben zu ziehen.

Anwendung: Setze dich einfach bequem hin, lege deine linke Hand auf die Abbildung und lasse geschehen. Wichtig: Achte auf die leisen Unterschiede, die sich jetzt einstellen (Stimme, Gefühl, Duft ...). Oft wird es bei dem Kontakt zu Chamuel warm in der Herzgegend.

Dauer der Verbindung: Du kannst diese Verbindung aufrechterhalten, solange du das möchtest und solange es sich gut für dich anfühlt. Oft ist eine klare Verbindung mit Chamuel in wenigen Augenblicken möglich und die Hilfe, um die man bittet, sehr schnell gewährt. Falls du jedoch länger in dieser zarten Energie bleiben möchtest, so kannst du dies natürlich tun. Wenn du gerade die ersten Erfahrungen mit der geistigen Welt machst, halte den Kontakt zunächst bitte nicht länger als 20 Minuten.

Die Absicht: Um zu signalisieren, dass du wirklich die Absicht hast, mit Erzengel Chamuel in Verbindung zu treten, sage einfach in Gedanken: „Ich bitte jetzt um eine klare Verbindung zu Erzengel Chamuel." Wenn du möchtest, formuliere auch den Grund, warum du die Unterstützung von Erzengel Chamuel benötigst.

Trennen: Du wirst einen Impuls verspüren, der dir sagt, wann du deine Hand von der Buchseite nehmen und den Kontakt beenden kannst. Es gibt keinen Zufall, folge dem ersten Impuls. Vergiss nicht, dich anschließend zu bedanken.

Erzengel Jophiel, Code Jo131476551

Erzengel Jophiel

Information: Erzengel Jophiel symbolisiert das Erwachen der Weisheit, die Inspiration, die Freude im Leben, das Lachen, die Fröhlichkeit, die Leichtigkeit und Heiterkeit. Nicht zuletzt hilft uns Erzengel Jophiel bei unserer schöpferischen Lebensenergie, die so oft im Argen liegt. Jophiel liebt die Leichtigkeit, die Lebensfreude. Jophiel werden die Farben der Lebensfreude zugeordnet, die Farben des Lichts, des Sonnenaufgangs und des Sonnenuntergangs: Gelb und orange. Zwei Farben, die eine große Wirkung auf unser energetisches System ausüben.

Sinn und Zweck: Wie oft kommt uns im Alltag die Lebensfreude abhanden?! Wie oft sind wir viel zu ernst, sehen alles viel zu eng und vergessen dabei, fröhlich zu sein, die Leichtigkeit zu leben und einfach mal aus vollem Herzen zu lachen?! Wenn wir ehrlich zu uns selbst sind, passiert das sehr oft. Genau hier kann Erzengel Jophiel angerufen werden. Er wird mit seiner Leichtigkeit und Fröhlichkeit neuen Schwung und neue Energie in unseren Alltagstrott bringen. Wenn du einmal ganz am Boden bist, versuche es einfach und spüre den Unterschied. Jophiel macht dich ganz sachte darauf aufmerksam, was du in deinem Leben verändern kannst, um mehr Freude zu erfahren und diese auch zu leben. Er wird dir zeigen, wie du die „Enge" des Alltags ablegen und stattdessen mit Weite und Freude agieren kannst.

Anwendung: Setze dich einfach bequem hin, lege deine linke Hand auf die Abbildung und lasse geschehen. Wichtig: Achte auf die leisen Unterschiede, die sich jetzt einstellen (Stimme, Gefühl, Duft …). Oft wird es während des Kontaktes mit Jophiel warm in der Körpermitte.

Dauer der Verbindung: Du kannst diese Verbindung aufrechterhalten, solange du das möchtest und solange es sich gut für dich anfühlt. Oft ist eine klare Verbindung mit Jophiel in wenigen Augenblicken möglich und die Hilfe, die du erbittest, schnell gewährt. Falls du jedoch länger in dieser fröhlichen Energie von Erzengel Jophiel bleiben möchtest, so kannst du dies natürlich tun. Wenn du gerade die ersten Erfahrungen mit der geistigen Welt machst, halte den Kontakt zunächst bitte nicht länger als 20 Minuten.

Die Absicht: Um zu signalisieren, dass du wirklich die Absicht hast, mit Erzengel Jophiel in Verbindung zu treten, sage einfach in Gedanken: „Ich bitte jetzt um eine klare Verbindung zu Erzengel Jophiel." Wenn du möchtest, formuliere noch den Grund, warum du die Unterstützung von Erzengel Jophiel erbittest.

Trennen: Du wirst einen Impuls verspüren, der dir sagt, wann du deine Hand von der Buchseite nehmen und den Kontakt beenden kannst. Es gibt keinen Zufall, folge dem ersten Impuls. Vergiss nicht, dich anschließend zu bedanken.

Erzengel Metatron, Code Me538511129

Erzengel Metatron

Information: Erzengel Metatron wird in manchen Systemen auch nicht zu den Erzengeln gezählt. Oft wird er als „Engelsfürst" oder „König der Engel" bezeichnet. Erzengel Metatron ist unter anderem der Engel der Wahrheit, die sich durch die Liebe offenbart. Er hilft uns oft aus Ziel- und Orientierungslosigkeit heraus. Erzengel Metatron ist in der Hierarchie der Erzengel dem Ursprung am nächsten. Er ist das Bindeglied zum Göttlichen, Hüter des spirituellen Körpers, des Kronenchakras, des göttlichen Lichtes, Hüter unserer Wünsche. Seine Energie ist sehr fein, sanft, klärend. Sie ist reine, allumfassende Liebe.

Sinn und Zweck: Erzengel Metatron unterstützt, was sich im Entstehen befindet. In dieser Eigenschaft kann er uns helfen, Visionen klarer zu erkennen, und uns in Zeiten von Ziel- und Orientierungslosigkeit helfen. Er erleichtert Trennungsschmerzen durch die Erkenntnis, dass wir mit allem verbunden sind. Dieser Gedanke hilft uns, das Leben nach einem schweren Verlust wieder lieben zu lernen. Aber auch Menschen mit unheilbarer Krankheit können von dieser Verbundenheit profitieren, die beinhaltet, dass wir letztendlich unsterblich sind. Dieses Erkennen ermöglicht den Menschen, ihren Weg in Frieden zu Ende zu gehen.

Anwendung: Setze dich einfach bequem hin, lege deine linke Hand auf die Abbildung und lasse geschehen. Wichtig: Achte auf die leisen Unterschiede, die sich jetzt einstellen (Stimme, Gefühl, Duft ...). Oft wird es während des Kontaktes mit Metatron warm in der Körpermitte. Die Metatron-Energie ist sehr sanft.

Dauer der Verbindung: Du kannst diese Verbindung aufrechterhalten, solange du das möchtest und solange es sich gut für dich anfühlt. Oft ist eine klare Verbindung mit Metatron in wenigen Augenblicken möglich und die gewünschte Unterstützung schnell gewährt. Falls du jedoch länger in dieser feinen, sanften Energie von Erzengel Metatron bleiben möchtest, so kannst du dies natürlich tun. Wenn du gerade die ersten Erfahrungen mit der geistigen Welt machst, halte den Kontakt zunächst bitte nicht länger als 20 Minuten.

Die Absicht: Um zu signalisieren, dass du wirklich die Absicht hast, mit Erzengel Metatron in Verbindung zu treten, sage einfach in Gedanken: „Ich bitte jetzt um eine klare Verbindung zu Erzengel Metatron." Wenn du möchtest, formuliere auch den Grund, warum du in diesem Moment die Hilfe von Erzengel Metatron benötigst.

Trennen: Du wirst einen Impuls verspüren, der dir sagt, wann du deine Hand von der Buchseite nehmen und den Kontakt beenden kannst. Es gibt keinen Zufall, folge dem ersten Impuls. Vergiss nicht, dich anschließend zu bedanken.

Die Aufgestiegenen Meister

Seit Anbeginn der Zeit waren immer wieder Menschen auf der Erde, die durch ihr Wirken und Handeln unvergessen blieben. Sie haben in vielen Inkarnationen ihr Leben zur Meisterschaft gebracht, haben die Dualität überwunden und konnten damit ihren grobstofflichen Körper ablegen. So konnten sie aus dem Rad der Wiedergeburt aussteigen und brauchen nun nicht mehr zur Erde zurückkehren. In ihren wiederholten Inkarnationen haben sie sich hoch entwickelt und dadurch eine Ebene erreicht, von der aus sie „aufsteigen" konnten. Aufgestiegene Meister waren also einst Menschen wie du und ich, sind nun aber Meister ihrer selbst. Ihre Körper bestehen aus reinstem Licht. Sie verkörpern die wunderbare, mächtige, göttliche „Ich bin"-Gegenwart in höchster und reinster Form. Sie sind wundervolle Begleiter für uns. Sie können uns sehr gut verstehen, da sie ja selbst auf dieser Erde als Mensch ihren Vollendungsprozess durchlebt und durchlitten haben. Die Aufgestiegenen Meister haben es sich zur Aufgabe gemacht, mit ihren jeweils erworbenen Fähigkeiten und Qualitäten uns Menschen auf unserem Entwicklungsweg zu helfen und uns bei unserem eigenen Aufstieg zu unterstützen. Und nun, da die Menschheit am Übergang zu einer höheren Bewusstseinsebene steht und sich die Schleier langsam lüften, machen sich die geistigen Helfer wieder vermehrt bemerkbar. Wir können die Aufgestiegenen Meister bitten, uns zu führen, zu heilen und zu schützen, uns in vielen Situationen zu helfen. Sie kennen unsere Ängste und Sorgen. Wenn wir sie bitten, stehen sie uns gern zur Seite und helfen uns, damit auch wir unser Leben zur Meisterschaft bringen können. Es ist eine Gnade, ihre unendliche Liebe und Güte erfahren zu dürfen.

Wenn wir mit ihnen in Kontakt treten möchten, müssen wir bewusst Verbindung zu ihnen aufnehmen, da auch sie – wie die Engel – unseren freien Willen achten und wahren und uns meist erst dann zu Hilfe kommen, wenn wir sie darum bitten. Die Hilfe aus der geistigen Welt wird immer unserem aktuellen Entwicklungsstadium angepasst, daher können wir durch diese Hilfe nie überfordert werden. Sie wissen genau, wie sie uns helfen können und dürfen. So unterstützen sie den einen bei der spirituellen Entwicklung, den anderen vielleicht dabei, sich zu erden, und bei wieder einem anderen sorgen sie für einen ausgeglichenen Energiefluss.

Wie die Hilfe im Einzelnen dann aussieht, ist nicht genau festgelegt, denn oft ist es gar nicht so spektakulär, wie wir es erwarten! Vielleicht entdecken wir durch „Zufall" ein neues Buch, das uns im Leben weiterbringt, oder begegnen einem Menschen, der uns den entscheidenden Anstoß gibt. Nicht immer ist das, was wir uns wünschen, auch das Richtige für unsere geistige Entwicklung. Die Meister wie auch die Engel wissen besser, was gut für uns ist.

Es ist ein wunderbares Erlebnis, mit den Aufgestiegenen Meistern in Kontakt zu treten. Spüre und fühle die liebevollen und doch vertrauten Energien. Denke immer daran, dass die Aufgestiegenen Meister selbst mehrmals auf Erden waren und unsere Themen und Probleme genau kennen. Sie wissen oft Lösungen, die sie uns in Form von feinen Gedanken oder Gefühlen übermitteln. Lass es geschehen.

Aufgestiegener Meister Christus, Code CH121212977

Christus

Information: Wir kennen alle die Geschichte von Jesus Christus. Wir wissen genau, wann er lebte, denn unsere Zeitrechnung basiert auf seinem Geburtsdatum. So ist es über 2000 Jahre her, dass Christus hier auf der Erde war und mit seiner Energie und mit seinem Handeln aus dem Herzen die Menschheit große Schritte weiterbrachte.

Sinn und Zweck: Die Christusenergie ist eine rosarote bis tiefrote Energie. Sie kommt direkt aus dem Herzen. Christus hilft, die eigene Wahrheit zu erkennen und zu leben, ist somit hilfreich bei der Selbstfindung. Auch wenn Themen mit Autoritäten zu meistern sind (insbesondere Vaterthemen, männliches Prinzip), ist Christus sehr hilfreich. Er hilft, die eigene, natürliche Autorität zu entfalten und zu stärken. So unterstützt er auch unsere Führungsqualitäten, damit wir diese zum Wohle aller einsetzen. Christus stärkt mit seinen wunderbaren Energien die Erfahrbarkeit der allumfassenden Liebe. Darüber hinaus kann die Christusenergie unsere Selbstheilungskräfte stärken. Christus wird oft als warme, liebevolle, alles verstehende Energie wahrgenommen.

Anwendung: Setze dich einfach bequem hin, lege deine linke Hand auf die Abbildung und lasse geschehen. Wichtig: Achte auf die leisen Unterschiede, die sich jetzt einstellen (Stimme, Gefühl, Duft ...). Oft wird es warm in der Herzgegend.

Dauer der Verbindung: Du kannst diese Verbindung aufrechterhalten, solange du das möchtest und solange es sich gut für dich anfühlt. Oft ist eine klare Verbindung mit Christus in wenigen Augenblicken möglich und die erbetene Unterstützung schnell gewährt. Falls du jedoch länger in dieser sanften Energie von Christus bleiben möchtest, so kannst du dies natürlich tun. Wenn du gerade die ersten Erfahrungen mit der geistigen Welt machst, halte den Kontakt zunächst bitte nicht länger als 20 Minuten.

Die Absicht: Um zu signalisieren, dass du wirklich die Absicht hast, mit dem Aufgestiegenen Meister Christus in Verbindung zu treten, sage einfach in Gedanken: „Ich bitte jetzt um eine klare Verbindung zu Christus." Wenn du möchtest, formuliere auch den Grund, warum du die Unterstützung Christi in diesem Moment benötigst.

Trennen: Du wirst einen Impuls verspüren, der dir sagt, wann du deine Hand von der Buchseite nehmen und den Kontakt beenden kannst. Es gibt keinen Zufall, folge dem ersten Impuls. Vergiss nicht, dich anschließend zu bedanken.

Aufgestiegene Meisterin Maria, Code MA121465333

Maria

Information: Maria, die Mutter von Jesus Christus, wird eher in katholischen Gegenden angebetet und verehrt. Oft wird sie mit dem Jesuskind im Arm und mit einem blauen Umhang bekleidet dargestellt. Maria ist das Sinnbild für fürsorgliche Liebe in allen Lebenslagen. Eine Energie, der die Farbe Königsblau zugeschrieben wird. Ein Blau, das auch der Umhang von Maria zeigt.

Sinn und Zweck: Maria ist voller mütterlicher Liebe, sie ist tröstend und beschützend. Die Energie von Maria hilft uns, die Illusion der Trennung aufzulösen und zu erkennen, dass alles miteinander verbunden ist. Sie unterstützt uns, unsere innere Kraft zu entwickeln, um uns selbst zu stärken und auch einmal „nein" sagen zu können. Marias Energie gibt uns das Gefühl, behütet und geborgen zu sein, sie ist voller Verständnis und lehrt uns, uns genährt und geliebt zu fühlen. Mutter Maria kannst du zu jeder Zeit anrufen, sie wird dich unterstützen, Ängste loszulassen, Liebe zu empfangen und Liebe zu geben. Die bekanntesten Inkarnationen von Maria lebten in Lemurien, Atlantis und in Galiläa als Mutter von Jesus.

Anwendung: Setze dich einfach bequem hin, lege deine linke Hand auf die Abbildung und lasse geschehen. Wichtig: Achte auf die leisen Unterschiede, die sich jetzt einstellen (Stimme, Gefühl, Duft …). Oft wird es während des Kontaktes mit Maria warm in der Herz- und/oder Halsgegend.

Dauer der Verbindung: Du kannst diese Verbindung aufrechterhalten, solange du das möchtest und solange es sich gut für dich anfühlt. Oft ist eine klare Verbindung mit Maria in wenigen Augenblicken aufgebaut und die Unterstützung, um die du bittest, schnell gewährt. Falls du jedoch länger in dieser sanften Energie von Maria bleiben möchtest, so kannst du dies natürlich tun. Wenn du gerade die ersten Erfahrungen mit der geistigen Welt machst, halte den Kontakt zunächst bitte nicht länger als 20 Minuten.

Die Absicht: Um zu signalisieren, dass du wirklich die Absicht hast, mit der Aufgestiegenen Meisterin Maria in Verbindung zu treten, sage einfach in Gedanken: „Ich bitte jetzt um eine klare Verbindung zu Maria." Wenn du möchtest, formuliere auch den Grund, warum du die Hilfe von Maria benötigst.

Trennen: Du wirst einen Impuls verspüren, der dir sagt, wann du deine Hand von der Buchseite nehmen und den Kontakt beenden kannst. Es gibt keinen Zufall, folge dem ersten Impuls. Vergiss nicht, dich anschließend zu bedanken.

Aufgestiegene Meisterin Lady Portia, Code LP111342231

Lady Portia

Information: Lady Portia wird zum Beispiel im Aura-Soma-System der Farbe Hellgold zugeordnet. Es wird allerdings auch gesagt, dass Lady Portia die Zwillingsflamme bzw. die Gefährtin von St. Germain und Mitglied des karmischen Rates sein soll. Somit wäre sie der Farbe Violett zugeordnet. Lady Portia lebte viele Inkarnationen in längst vergangenen Kulturen, so z. B. als lemurische Priesterin. Sie inkarnierte auch als Schwester von König Arthur.

Sinn und Zweck: Lady Portia kannst du wunderbar anrufen, wenn in deinem Leben gerade die Themen „Beurteilung" und „Verurteilung" auftauchen, denn sie hilft, Herz und Verstand auszugleichen. Diese Meisterin wird oft gerufen beim Wunsch nach Karma-Auflösung und Neubeginn. Sie vermittelt Barmherzigkeit und bringt Gerechtigkeit bei rechtlichen Angelegenheiten. Bei allen großen Übergängen im Leben eines Menschen wacht Lady Portia über ihn, beschützt ihn und bereitet ihn für große Einweihungen vor. Sie ist die Wächterin am Tor des neuen Zeitalters (lateinisch *porta*, Tor, Tür). Vor allem bringt Lady Portia Leichtigkeit in angespannte Situationen und hilft, Angst mit Freude zu durchdringen.

Anwendung: Setze dich einfach bequem hin, lege deine linke Hand auf die Abbildung und lasse geschehen. Wichtig: Achte auf die leisen Unterschiede, die sich jetzt einstellen (Stimme, Gefühl, Duft ...). Oft wird es während des Kontaktes zu Lady Portia warm um den Körper. Der Luftdruck scheint sich zu erhöhen.

Dauer der Verbindung: Du kannst diese Verbindung aufrechterhalten, solange du das möchtest und solange es sich gut für dich anfühlt. Oft ist eine klare Verbindung mit Lady Portia in wenigen Augenblicken möglich und die erbetene Unterstützung schnell gewährt. Falls du jedoch länger in der Energie von Lady Portia bleiben möchtest, so kannst du dies natürlich tun. Wenn du gerade die ersten Erfahrungen mit der geistigen Welt machst, halte den Kontakt zunächst bitte nicht länger als 20 Minuten.

Die Absicht: Um zu signalisieren, dass du wirklich die Absicht hast, mit der Aufgestiegenen Meisterin Lady Portia in Verbindung zu treten, sage einfach in Gedanken: „Ich bitte jetzt um eine klare Verbindung zu Lady Portia." Wenn du möchtest, formuliere auch den Grund, warum du in diesem Moment die Unterstützung von Lady Portia benötigst.

Trennen: Du wirst einen Impuls verspüren, der dir sagt, wann du deine Hand von der Buchseite nehmen und den Kontakt beenden kannst. Es gibt keinen Zufall, folge dem ersten Impuls. Vergiss nicht, dich anschließend zu bedanken.

Aufgestiegener Meister Kuthumi, Code KU232444120

Kuthumi

Information: Kuthumi kräftigt die Wurzeln, mit denen wir mit der Erde verbunden sind. Kuthumi soll folgende Inkarnationen hinter sich haben: Thutmoses III (1503–1450 v. Chr.), Prophet der Pharaonen, der Amen Ra (dem Sonnengott) diente. Pythagoras (582–498 v. Chr.), großer Philosoph Griechenlands und Vater der Mathematik. Balthazar, einer der eingeweihten Könige, die zur Geburt Christi kamen. Hl. Franz von Assisi (1182–1226), Italien. Sha Jahan (1592–1666), der 1631 das Taj Mahal in Agra erbauen ließ. Kuthumi, auch als Kut Humi Lal Singh bekannt, werden die Farben Gelb und Gold zugeschrieben. Gelb als Farbe des Wissens, Gold als Farbe der Weisheit.

Sinn und Zweck: Die Kuthumi-Energie hilft dir, mit beiden Füßen fest auf dem Boden zu stehen. Kuthumi kannst du anrufen, wenn es in deinem Leben gerade um Geduld und Realitätssinn geht oder du dich generell wohler in deinem Körper fühlen möchtest. Kuthumi hilft dir, die Energien der Erde, der Pflanzen, Steine und Erdwesen leichter wahrzunehmen. Hast du zum Beispiel Probleme, konzentriert bei deiner Arbeit zu bleiben, rufe Kuthumi. Außerdem kannst du zusätzlich die Farbe Gelb visualisieren, um die Energie-Wahrnehmung zu verstärken.

Anwendung: Setze dich einfach bequem hin, lege deine linke Hand auf die Abbildung und lasse geschehen. Wichtig: Achte auf die leisen Unterschiede, die sich jetzt einstellen (Stimme, Gefühl, Duft …). Oft wird es während des Kontaktes mit Kuthumi warm um deinen Kopf und/oder die Körpermitte. Der Luftdruck scheint sich zu erhöhen.

Dauer der Verbindung: Du kannst diese Verbindung aufrechterhalten, solange du das möchtest und solange es sich gut für dich anfühlt. Oft ist eine klare Verbindung mit Kuthumi in wenigen Augenblicken möglich und die erbetene Hilfe schnell gewährt. Falls du jedoch länger in dieser Energie von Kuthumi bleiben möchtest, so kannst du dies natürlich tun. Wenn du gerade die ersten Erfahrungen mit der geistigen Welt machst, halte den Kontakt zunächst bitte nicht länger als 20 Minuten.

Die Absicht: Um zu signalisieren, dass du wirklich die Absicht hast, mit Kuthumi in Verbindung zu treten, sage einfach in Gedanken: „Ich bitte jetzt um eine klare Verbindung zu Kuthumi." Wenn du möchtest, formuliere auch den Grund, warum du Kuthumis Hilfe benötigst.

Trennen: Du wirst einen Impuls verspüren, der dir sagt, wann du deine Hand von der Buchseite nehmen und den Kontakt beenden kannst. Es gibt keinen Zufall, folge dem ersten Impuls. Vergiss nicht, dich anschließend zu bedanken.

Aufgestiegener Meister Hilarion, Code HI101023651

Hilarion

Information:	Hilarion ist der Farbe Grün zugeordnet. Ganz zentrales Thema von Hilarion ist die Heilung. Inkarniert war Hilarion unter anderem als Paulus von Tarsus (Apostel Paulus) und als Hl. Hilarion (ca. 300–371 n. Chr.), der auf Zypern lebte, als Einsiedler und Heiler aber ursprünglich aus Palästina stammte. Hilarion lässt uns unseren eigenen Raum erkennen und ist sehr hilfreich bei Neuanfängen.
Sinn und Zweck:	Hilarion hat eine sehr sanfte Energie und lässt sich sehr leicht auf die Belange der Menschen ein. Du kannst ihn zu jeder Zeit rufen, wenn es um das Erkennen und Erfüllen der eigenen Lebensaufgabe geht. Achte dabei auf Gedanken und Bilder, die Hilarion dir schickt. Gerade wenn du dabei bist, eine Pionierarbeit zu leisten, unterstützt dich Hilarion segensreich. Wenn du Hilarion zum Zwecke der Heilung rufen möchtest, ist es immer sinnvoll, Erzengel Raphael gleich mit dazu zu holen. Diese beiden Wesenheiten ergänzen sich wunderbar und verstärken noch mal die Wirkung. Übrigens unterstützt Hilarion jede Art von Meditation.
Anwendung:	Setze dich einfach bequem hin, lege deine linke Hand auf die Abbildung und lasse geschehen. Wichtig: Achte auf die leisen Unterschiede, die sich jetzt einstellen (Stimme, Gefühl, Duft …). Oft wird es während des Kontaktes mit Hilarion warm um deinen Herzbereich und/oder die Körpermitte. Der Luftdruck kann sich ebenfalls erhöhen.
Dauer der Verbindung:	Du kannst diese Verbindung aufrechterhalten, solange du das möchtest und solange es sich gut für dich anfühlt. Oft ist eine klare Verbindung mit Hilarion in wenigen Augenblicken möglich und die erbetene Unterstützung schnell gewährt. Falls du jedoch länger in dieser Energie von Hilarion bleiben möchtest, so kannst du dies natürlich tun. Wenn du gerade die ersten Erfahrungen mit der geistigen Welt machst, halte den Kontakt zunächst bitte nicht länger als 20 Minuten.
Die Absicht:	Um zu signalisieren, dass du wirklich die Absicht hast, mit Hilarion in Verbindung zu treten, sage einfach in Gedanken: „Ich bitte jetzt um eine klare Verbindung zu Hilarion." Wenn du möchtest, formuliere auch den Grund, warum du die Hilfe Hilarions jetzt benötigst.
Trennen:	Du wirst einen Impuls verspüren, der dir sagt, wann du deine Hand von der Buchseite nehmen und den Kontakt beenden kannst. Es gibt keinen Zufall, folge dem ersten Impuls. Vergiss nicht, dich anschließend zu bedanken.

Aufgestiegene Meisterin Lady Nada, Code LN111123423

Lady Nada

Information: Lady Nada wird die Farbe Rosa zugeordnet, die Farbe des Herzens und der Liebe. Die Energie von Lady Nada zeigt uns, wie man sich selbst, seinen Körper und andere liebevoll und bedingungslos annimmt. Sie streichelt unser Herz und unsere Seele.

Sinn und Zweck: Lady Nada hilft Dinge anzunehmen, die nicht zu ändern sind. Sie hilft uns, dass wir uns in unserem Körper zu Hause fühlen. Lady Nada unterstützt uns darin, Defizite von Liebe und Wunden im sexuellen Bereich zu heilen, und führt uns dazu, unsere Stärken und Schwächen anzunehmen und zu akzeptieren. Sie hält sich mit ihrer sanften Energie nicht damit zurück, uns bewusst zu machen, was für unser Gefühlsleben von Vorteil ist. Sie stärkt unsere Gefühlswelt und unsere Gabe, auch die kleinen Dinge der Liebe und Anerkennung mit unserem Herzen wahrnehmen zu können. Diese unbeschreiblichen Energien stärken unsere Sinneswahrnehmungen.

Anwendung: Setze dich einfach bequem hin, lege deine linke Hand auf die Abbildung und lasse geschehen. Wichtig: Achte auf die leisen Unterschiede, die sich jetzt einstellen (Stimme, Gefühl, Duft …). Oft wird es während des Kontaktes mit Lady Nada warm um deinen Herzbereich und ein Hauch von Rosenduft ist wahrnehmbar. Der Luftdruck kann sich ebenfalls erhöhen. Achte nun auch ganz gezielt auf deine Gefühle. Spüre die Wärme und Geborgenheit.

Dauer der Verbindung: Du kannst diese Verbindung aufrechterhalten, solange du das möchtest und solange es sich gut für dich anfühlt. Oft ist eine klare Verbindung mit Hilarion in wenigen Augenblicken möglich und die erbetene Unterstützung schnell gewährt. Falls du jedoch länger in dieser Energie von Lady Nada bleiben möchtest, so kannst du dies natürlich tun. Wenn du gerade die ersten Erfahrungen mit der geistigen Welt machst, halte den Kontakt zunächst bitte nicht länger als 20 Minuten.

Die Absicht: Um zu signalisieren, dass du wirklich die Absicht hast, mit Lady Nada in Verbindung zu treten, sage einfach in Gedanken: „Ich bitte jetzt um eine klare Verbindung zu Lady Nada, ich bin bereit für die feinen Energien." Wenn du möchtest, formuliere auch den Grund, warum du Lady Nadas Unterstützung benötigst.

Trennen: Du wirst einen Impuls verspüren, der dir sagt, wann du deine Hand von der Buchseite nehmen und den Kontakt beenden kannst. Es gibt keinen Zufall, folge dem ersten Impuls. Vergiss nicht, dich anschließend zu bedanken.

Aufgestiegene Meisterin Pallas Athena, Code PA124623510

Pallas Athena

Information: Pallas Athena ist eine wunderschöne griechische Göttin. Ihr sagt man Klugheit und einen äußerst klaren Verstand nach. Pallas Athena wird die Farbe Magenta zugeordnet, also die Farbe, die entsteht, wenn man Rot und Violett – die beiden Enden des Regenbogens – miteinander verbindet. Magenta ist die höchste Form der Liebe, die weltliche Wesen leben können: bedingungslose Liebe.

Sinn und Zweck: Pallas Athena fördert unsere feinen Sinne und eine enorme Achtsamkeit für das Detail. Sie hilft, die Qualität vor der Quantität zu sehen, was in unserer Zeit wichtig ist. Pallas Athena hilft, die Quelle der Inspiration im eigenen Selbst zu finden und schärft die Sinne für alles Schöne in unserer Welt. Sie hüllt unser Herz in bedingungslose Liebe und stärkt die Wahrnehmung der Fülle in unserem Leben.

Anwendung: Setze dich einfach bequem hin, lege deine linke Hand auf die Abbildung und lasse geschehen. Wichtig: Achte auf die leisen Unterschiede, die sich jetzt einstellen (Stimme, Gefühl, Duft …). Oft wird es während des Kontaktes mit Pallas Athena warm um deinen Herzbereich oder dein Herz scheint sich zu weiten. Der Luftdruck kann sich ebenfalls erhöhen. Achte nun auch ganz gezielt auf deine Gefühle. Spüre die Wärme und Geborgenheit.

Dauer der Verbindung: Du kannst diese Verbindung aufrechterhalten, solange du das möchtest und solange es sich gut für dich anfühlt. Oft ist eine klare Verbindung mit Pallas Athena in wenigen Augenblicken möglich und die erbetene Unterstützung schnell gewährt. Falls du jedoch länger in dieser Energie von Pallas Athena bleiben möchtest, so kannst du dies natürlich tun. Wenn du gerade die ersten Erfahrungen mit der geistigen Welt machst, halte den Kontakt zunächst bitte nicht länger als 20 Minuten.

Die Absicht: Um zu signalisieren, dass du wirklich die Absicht hast, mit Pallas Athena in Verbindung zu treten, sage einfach in Gedanken: „Ich bitte jetzt um eine klare Verbindung zu Pallas Athena, ich bin bereit für diese feinen Energien." Wenn du möchtest, formuliere auch den Grund, warum du Pallas Athenas Hilfe in diesem Moment benötigst.

Trennen: Du wirst einen Impuls verspüren, der dir sagt, wann du deine Hand von der Buchseite nehmen und den Kontakt beenden kannst. Es gibt keinen Zufall, folge dem ersten Impuls. Vergiss nicht, dich anschließend zu bedanken.

Aufgestiegener Meister Maha Chohan, Code MC155234119

Maha Chohan

Information: Maha Chohan ist ein erleuchteter Meister und Lenker der gesamten göttlichen Intelligenz. Die Energie von Maha Chohan verbindet mit der Weisheit, die den Überblick hat und in Kontakt mit dem höheren Bewusstsein steht. Diesem Aufgestiegenen Meister wird die Farbe Türkis zugeschrieben. Eine Farbe, die das Herzchakra mit dem Halschakra verbindet.

Sinn und Zweck: Maha Chohan ist in der Lage, das Bewusstsein für die eigene Individualität zu stärken. Er fördert den Selbstausdruck und die Kommunikation aus dem Herzen heraus. Die Kreativität wird durch seine Energien bewusst gemacht und verstärkt. Fehlt der Zugang zum übergeordneten Lebensplan oder Konzept, ist dieser Meister die richtige Wahl. Wenn die Schwere im Leben zuzunehmen scheint, verbinde dich mit Maha Chohan, denn er kann Leichtigkeit und spielerischen Umgang mit dem Leben fördern.

Anwendung: Setze dich einfach bequem hin, lege deine linke Hand auf die Abbildung und lasse geschehen. Wichtig: Achte auf die leisen Unterschiede, die sich jetzt einstellen (Stimme, Gefühl, Duft ...). Oft wird es während des Kontaktes mit Maha Chohan warm um deinen Herz- und/oder deinen Halsbereich oder dein Herz scheint sich zu weiten. Der Luftdruck kann sich ebenfalls erhöhen. Achte nun auch ganz gezielt auf deine Gefühle. Spüre die sanfte Wärme und Geborgenheit.

Dauer der Verbindung: Du kannst diese Verbindung aufrechterhalten, solange du das möchtest und solange es sich gut für dich anfühlt. Oft ist eine klare Verbindung mit Maha Chohan in wenigen Augenblicken möglich und die erbetene Unterstützung schnell gewährt. Falls du jedoch länger in dieser Energie von Maha Chohan bleiben möchtest, so kannst du dies natürlich tun. Wenn du gerade die ersten Erfahrungen mit der geistigen Welt machst, halte den Kontakt zunächst bitte nicht länger als 20 Minuten. Denke daran, dass die Energien auch nachwirken können.

Die Absicht: Um zu signalisieren, dass du wirklich die Absicht hast, mit Maha Chohan in Verbindung zu treten, sage einfach in Gedanken: „Ich bitte jetzt um eine klare Verbindung zu Maha Chohan, ich bin bereit für diese feinen Energien." Wenn du möchtest, formuliere auch den Grund, warum du Maha Chohans Unterstützung erbittest.

Trennen: Du wirst einen Impuls verspüren, der dir sagt, wann du deine Hand von der Buchseite nehmen und den Kontakt beenden kannst. Es gibt keinen Zufall, folge dem ersten Impuls. Vergiss nicht, dich anschließend zu bedanken.

Aufgestiegener Meister El Morya, Code EM776900132

El Morya

Information: El Moryas Inkarnationen sind bekannt als Melchior, König Arthus, Akbar (indischer Großmogul; 16. Jahrhundert), Thomas Moore (18. Jahrhundert), englischer Dichter irischer Herkunft, und El Morya Khan, indischer Prinz.[*]

Sinn und Zweck: Die Energie von El Morya bringt uns zurück ins Urvertrauen und stärkt unser Selbstvertrauen. Für die Klärung des Geistes ist El Morya ebenfalls zuständig. Dieser Aufgestiegene Meister fördert unsere uneingeschränkte Bereitschaft, uns jemandem oder etwas hinzugeben und dieser Hingabe zu vertrauen. El Morya hilft, in den Fluss mit sich selbst, mit den eigenen Energien, zu kommen. Die eigene Energie wird wieder ins Fließen gebracht. El Morya kann helfen, die Seelenaufgabe zu erkennen und zu verstehen. Und nicht zuletzt fördert er die Qualität der Kommunikation mit höheren Ebenen. El Morya bringt Ruhe und mehr Gelassenheit in unseren Alltag, indem wir lernen, auf höherer Ebene wahrnehmen zu können.

Anwendung: Setze dich einfach bequem hin, lege deine linke Hand auf die Abbildung und lasse geschehen. Wichtig: Achte auf die leisen Unterschiede, die sich jetzt einstellen (Stimme, Gefühl, Duft ...). Oft wird es während des Kontaktes mit El Morya warm um deinen Halsbereich. Der Luftdruck kann sich ebenfalls erhöhen. Achte nun auch ganz gezielt auf deine Gefühle. Spüre die sanfte Wärme und Geborgenheit.

Dauer der Verbindung: Du kannst diese Verbindung aufrechterhalten, solange du das möchtest und solange es sich gut für dich anfühlt. Oft ist eine klare Verbindung mit El Morya in wenigen Augenblicken möglich und die erbetene Unterstützung schnell gewährt. Falls du jedoch länger in dieser Energie von El Morya bleiben möchtest, so kannst du dies natürlich tun. Wenn du gerade die ersten Erfahrungen mit der geistigen Welt machst, halte den Kontakt zunächst bitte nicht länger als 20 Minuten. Denke daran, dass die Energien auch nachwirken können.

Die Absicht: Um zu signalisieren, dass du wirklich die Absicht hast, mit El Morya in Verbindung zu treten, sage einfach in Gedanken: „Ich bitte jetzt um eine klare Verbindung zu El Morya, ich bin bereit für diese feinen Energien." Wenn du möchtest, formuliere auch den Grund, warum du El Moryas Unterstützung in deinem Leben benötigst.

Trennen: Du wirst einen Impuls verspüren, der dir sagt, wann du deine Hand von der Buchseite nehmen und den Kontakt beenden kannst. Es gibt keinen Zufall, folge dem ersten Impuls. Vergiss nicht, dich anschließend zu bedanken.

---

[*] Diese Angaben sind entnommen aus *Die Gegenwart der Meister* von Jeanne Ruland.

Aufgestiegener Meister Serapis Bey, Code SB412423906

Serapis Bey

Information: Serapis Bey soll bereits als Atlantischer Hohepriester vor über 11.000 Jahren inkarniert gewesen sein. Serapis Bey wird der „Farbe" Weiß zugeordnet, der Farbe der Reinigung, Klarheit und Reinheit. Weiß birgt allerdings alle Farben in sich, sodass Serapis auch für die Entscheidung steht. Serapis Bey ist ein sehr kraftvoller Aufgestiegener Meister, zu dem man sehr leicht Kontakt aufnehmen kann.

Sinn und Zweck: Serapis Bey hilft, die Ursachen von Leiden zu erkennen und diese auch aufzulösen. Er schenkt Kraft für die Auflösung, die manchmal anstrengend sein kann. Serapis unterstützt uns, Transparenz in Dinge oder Situationen zu bringen und damit die eigentliche Ursache einer Problematik erkennen zu können. Sich selbst zu verzeihen ist mithilfe von Serapis Bey leichter. Auch das Erkennen von Ursache und Wirkung macht Serapis klar. Nicht zuletzt steht dieser Aufgestiegene Meister für die Reinigung von Energien, die nicht mehr zeitgemäß sind und einen behindern.

Anwendung: Setze dich einfach bequem hin, lege deine linke Hand auf die Abbildung und lasse geschehen. Wichtig: Achte auf die leisen Unterschiede, die sich jetzt einstellen (Stimme, Gefühl, Duft ...). Oft wird es während des Kontaktes mit Serapis Bey scheinbar heller im Raum. Der Luftdruck kann sich ebenfalls erhöhen. Achte nun auch ganz gezielt auf deine Gefühle. Spüre die sanfte Wärme und Geborgenheit.

Dauer der Verbindung: Du kannst diese Verbindung aufrechterhalten, solange du das möchtest und solange es sich gut für dich anfühlt. Oft ist eine klare Verbindung mit Serapis Bey in wenigen Augenblicken möglich und die erbetene Unterstützung schnell gewährt. Falls du jedoch länger in dieser Energie bleiben möchtest, so kannst du dies natürlich tun. Wenn du gerade die ersten Erfahrungen mit der geistigen Welt machst, halte den Kontakt zunächst bitte nicht länger als 20 Minuten. Denke daran, dass die Energien auch nachwirken können.

Die Absicht: Um zu signalisieren, dass du wirklich die Absicht hast, mit Serapis Bey in Verbindung zu treten, sage einfach in Gedanken: „Ich bitte jetzt um eine klare Verbindung zu Serapis Bey, ich bin bereit für diese klaren und reinen Energien." Wenn du möchtest, formuliere auch den Grund, warum du in diesem Moment um die Unterstützung Serapis Beys bitten möchtest.

Trennen: Du wirst einen Impuls verspüren, der dir sagt, wann du deine Hand von der Buchseite nehmen und den Kontakt beenden kannst. Es gibt keinen Zufall, folge dem ersten Impuls. Vergiss nicht, dich anschließend zu bedanken.

Aufgestiegener Meister St. Germain, Code SG777100171

Saint (St.) Germain

Information:	St. Germain soll als Graf von Saint Germain im 18. Jahrhundert in Eckernförde an der Ostsee gelebt haben. Er war ein Abenteurer, Alchemist, Okkultist und Komponist. Um seine Person ranken sich einige Legenden, die teilweise von ihm selbst geschaffen wurden. St. Germain wird die Farbe Violett in einer helleren Version zugeschrieben. Violett steht für Wandlung und Transformation.
Sinn und Zweck:	St. Germain hilft, negative Einstellungen und Verhaltensmuster zu erkennen und aufzulösen. Kraft deiner Gedanken kannst du im sprichwörtlichen Sinne Berge versetzen. Genau das macht er dir bewusst. Er weist dich auf die Stärke deines Geistes hin. St. Germain hilft, mit der Vergangenheit abzuschließen, das Gewesene zu transformieren, um es dann ruhen zu lassen. St. Germain lässt dich die Bereitschaft, dich selbst zu wandeln, erkennen und spüren. Und nicht zuletzt gibt dieser Aufgestiegene Meiser Kraft und Trost bei Abschied und Trauerbewältigung.
Anwendung:	Setze dich einfach bequem hin, lege deine linke Hand auf die Abbildung und lasse geschehen. Wichtig: Achte auf die leisen Unterschiede, die sich jetzt einstellen (Stimme, Gefühl, Duft ...). Oft wird es während des Kontaktes mit St. Germain scheinbar heller im Raum. Der Luftdruck kann sich ebenfalls erhöhen. Achte nun auch ganz gezielt auf deine Gefühle. Spüre die sanfte Wärme und Geborgenheit.
Dauer der Verbindung:	Du kannst diese Verbindung aufrechterhalten, solange du das möchtest und solange es sich gut für dich anfühlt. Oft ist eine kraftvolle Verbindung mit St. Germain in wenigen Augenblicken möglich und die erbetene Unterstützung schnell gewährt. Falls du jedoch länger in dieser Energie bleiben möchtest, so kannst du dies natürlich tun. Wenn du gerade die ersten Erfahrungen mit der geistigen Welt machst, halte den Kontakt zunächst bitte nicht länger als 20 Minuten. Denke daran, dass die Energien auch nachwirken können.
Die Absicht:	Um zu signalisieren, dass du wirklich die Absicht hast, ganz kraftvoll mit St. Germain in Verbindung zu treten, sage einfach in Gedanken: „Ich bitte jetzt um eine klare Verbindung zu St. Germain, ich bin bereit für diese kraftvollen Energien." Wenn du möchtest, formuliere auch den Grund, warum du St. Germains Hilfe benötigst.
Trennen:	Du wirst einen Impuls verspüren, der dir sagt, wann du deine Hand von der Buchseite nehmen und den Kontakt beenden kannst. Es gibt keinen Zufall, folge dem ersten Impuls. Vergiss nicht, dich anschließend zu bedanken.

Die Energie der Farben

Ich glaube, ich erzähle dir nichts Neues, wenn ich behaupte, dass Farben Energieschwingungen mit unterschiedlichen Frequenzen sind. Schwingungen, die wir für unseren Alltag ganz leicht und schnell nutzbringend anwenden können. Farben begleiten uns von Geburt an. Ihr Anblick kann vieles in uns bewirken. Etwas Neues ist es allerdings, die Farbenergien auf die in *Touch the Spirit* vorgestellte Art und Weise zu integrieren. Natürlich kann man Farben auch visualisieren, sich oder andere Menschen und ganze Situationen darin gedanklich einhüllen. Dazu muss man die Energie und die Vorstellung aufrechterhalten können. Mit Farben zu arbeiten macht Spaß, ist denkbar einfach und sehr schnell spürbar. So wurden mir auch für die verschiedenen gängigen Farben Rituale aus der geistigen Welt übermittelt, die es möglich machen, Farben zu nutzen, indem man die Hand auf die jeweilige Abbildung legt. Versuche es selbst. So kannst du zum Beispiel bei Energiemangel mit der Farbe Rot arbeiten, sie wird dir Kraft und Stärke geben. Oder arbeite mit der Farbe Blau, wenn du abends einfach nicht einschlafen kannst und das Gedankenkarussell nicht anhalten möchte. Oder hast du schon einmal versucht, in eine verzwickte zwischenmenschliche Situation die Farbe Rosa zu bringen? Du wirst erstaunt sein, wie sich die Gemüter beruhigen und man sachlich miteinander umgehen kann. Oder vielleicht möchtest du die Weite der Natur spüren und damit auch deinen Atmungsorganen etwas Gutes tun – dann arbeite mit der Farbe Grün. Das sind nur ein paar wenige Beispiele, wie man ganz leicht mit Farben arbeiten und sie nutzen kann.

Es spielt übrigens keine Rolle, ob man die Energie der Farben in vergangene Situationen, in gegenwärtige Begebenheiten oder in bevorstehende Vorhaben fließen lassen möchte. Die reine Absicht zählt. Du siehst, es gibt hier ungeahnte Möglichkeiten.

Diese Art, Farben wirken zu lassen, ist ebenso für Kinder eine wundervolle Weise mit Energien zu „spielen". Gerade Kinder sind sehr offen für diese Energiearbeit. Ich empfehle dir, deine eigenen Erfahrungen mit den folgenden Seiten zu machen. Sei einfach offen, gespannt und spüre die positiven Veränderungen, die Farben hervorrufen können. Nun wünsche ich dir viel Freude und ein leichtes und spielerisches Umgehen mit der Energie der Farben, deren Zugangscodes du auf den nächsten Seiten findest.

Farbschwingung Rot, Code RT656986976

Rot

Information, Sinn und Zweck: Die Farbe Rot ist eine sehr warme und kraftgebende Farbe. Sie wird dem Wurzelchakra zugeordnet und ist sehr erdend. Sie gibt Kraft und Stärke für alle irdischen Aufgaben. Sie stärkt den Körper und verleiht Ausdauer. Es ist gut, sich mit dieser Farbe verbinden, wenn man sich kraftlos und abgespannt fühlt. Genauso empfehlenswert ist die Farbe, wenn man Probleme mit dem männlichen Prinzip aufarbeiten möchte. Es ist nicht anzuraten, mit Rot spätabends zu arbeiten, wenn man anschließend ruhig schlafen möchte, denn Rot macht wach.

Anwendung: Setze dich einfach bequem hin, lege deine linke Hand auf die Abbildung und lasse geschehen. Lasse die Farbe in dich hineinfließen und dort ihre Wirkung entfalten.

Dauer der Verbindung: Du kannst diese Verbindung aufrechterhalten, solange du das möchtest und solange es sich gut für dich anfühlt. Oft ist eine kraftvolle Verbindung mit der Farbe Rot und ein Spüren der Wirkung in wenigen Augenblicken möglich. Falls du jedoch länger in der roten Energie bleiben möchtest, so kannst du dies natürlich tun. Wenn du gerade am Anfang stehst, mit Farben auf diese Weise zu arbeiten, halte den Kontakt zunächst bitte nicht länger als 20 Minuten. Denke daran, dass die Energien auch nachwirken können.

Die Absicht: Um zu signalisieren, dass du wirklich die Absicht hast, ganz kraftvoll mit der Farbe Rot in Verbindung zu treten und diese in dein System einfließen zu lassen, sage einfach in Gedanken „Ich bitte darum, jetzt die Farbe Rot zu mir fließen zu lassen, ich bin bereit für diese kraftvollen Energien" oder „Ich bitte darum, jetzt die Farbe Rot in diese oder jene Situation fließen zu lassen" oder „Ich bitte darum, jetzt die Farbe Rot zu Frau .... fließen zu lassen, zum höchsten und besten Wohle aller". Wenn du möchtest, formuliere auch den Grund, warum du mit Rot arbeiten möchtest.

Trennen: Du wirst einen Impuls verspüren, der dir sagt, wann du deine Hand von der Buchseite nehmen und den Kontakt beenden kannst. Es gibt keinen Zufall, folge dem ersten Impuls. Vergiss nicht, dich ganz zum Schluss für die Erfahrung zu bedanken.

Farbschwingung Orange, Code OR133332400

Orange

Information, Sinn und Zweck: Die Farbe Orange ist eine Mischfarbe aus Rot und Gelb. Rot steht für die Kraft und Stärke, die man benötigt, um mit beiden Beinen fest im Leben zu stehen. Gelb ist die Farbe der Sonne und des Solarplexus. Gelb steht für Wissen, die Verdauung, die Partnerschaft. Und zwar nicht nur die Partnerschaft im herkömmlichen Sinne der Liebesbeziehung, sondern auch die weiteren Beziehungen, die wir zu Menschen in unserem Umfeld und auch zu Dingen haben. Die Mischfarbe Orange bringt diese beiden Farbkomponenten zusammen. Orange steht auch für die absolute Lebensfreude, die wir in diesem Leben erfahren sollten, und für das Wissen, mit dem wir agieren und etwas bewegen können. Andererseits ist Orange ein ausgezeichneter Schocklöser. Orange macht alte, tiefsitzende Verletzungen bewusst und hilft uns, diese zu transformieren.

Anwendung: Setze dich einfach bequem hin, lege deine linke Hand auf die Abbildung und lasse geschehen. Lasse die Farbe in dich hineinfließen und dort ihre Wirkung entfalten.

Dauer der Verbindung: Du kannst diese Verbindung aufrechterhalten, solange du das möchtest und solange es sich gut für dich anfühlt. Oft ist eine wärmende Verbindung mit der Farbe Orange und ein Spüren der Wirkung in wenigen Augenblicken möglich. Falls du jedoch länger in der Freude spendenden orangen Energie bleiben möchtest, so kannst du dies natürlich tun. Wenn du gerade am Anfang stehst, mit Farben auf diese Weise zu arbeiten, mache die Übung nicht länger als 20 Minuten. Denke daran, dass die Energien auch nachwirken können.

Die Absicht: Um zu signalisieren, dass du wirklich die Absicht hast, ganz kraftvoll mit der Farbe Orange in Verbindung zu treten und diese in dein System einfließen zu lassen, sage einfach in Gedanken „Ich bitte darum, jetzt die Farbe Orange zu mir fließen zu lassen, ich bin bereit für diese wunderbaren Energien" oder „Ich bitte darum, jetzt die Farbe Orange in diese oder jene Situation fließen zu lassen" oder „Ich bitte darum, jetzt die Farbe Orange zu Frau .... fließen zu lassen, zum höchsten und besten Wohle aller". Wenn du möchtest, formuliere auch den Grund, warum du mit Orange arbeiten möchtest.

Trennen: Du wirst einen Impuls verspüren, der dir sagt, wann du deine Hand von der Buchseite nehmen und den Kontakt beenden kannst. Es gibt keinen Zufall, folge dem ersten Impuls. Vergiss nicht, dich ganz zum Schluss für die Erfahrung zu bedanken.

Farbschwingung Gelb, Code GE473421811

Gelb

Information, Sinn und Zweck: Die Farbe Gelb ist eine der drei Grundfarben. Körperbezogen wird sie den Verdauungsorganen, der Haut und der Körpermitte zugeschrieben. Die Farbe Gelb harmonisiert diese Bereiche. Gelb kann man auch wunderbar anwenden, um eine gute Stimmung aufrechtzuerhalten oder auch trübe Gedanken zu verscheuchen. Auch die Partnerschaft gehört in den gelben Bereich. Partnerschaft nicht nur im Sinne von Ehe oder eheähnlichem Verhältnis, sondern auch in Beziehungen zu anderen Menschen in unserem Umfeld oder auch Dingen, mit denen wir in Berührung kommen. Wenn Sie sich mehr konzentrieren möchten oder müssen, dann ist es wunderbar, seinen Körper mit der gelben Energie zu durchfluten. Neid, Ängsten oder Hassgefühlen kann man wunderbar mit Gelb entgegensteuern und sie harmonisieren, um wieder neutral mit Personen oder Situationen im Alltag umgehen zu können. Gelb kann ein wärmendes Gefühl in der Magengegend entstehen lassen.

Anwendung: Setze dich einfach bequem hin, lege deine linke Hand auf die Abbildung und lasse geschehen. Lasse die Farbe in dich hineinfließen und dort ihre Wirkung entfalten.

Dauer der Verbindung: Du kannst diese Verbindung aufrechterhalten, solange du das möchtest und solange es sich gut für dich anfühlt. Oft ist eine wärmende Verbindung mit der Farbe Gelb und ein Spüren der Wirkung in wenigen Augenblicken möglich. Falls du jedoch länger in dieser warmen gelben Energie bleiben möchtest, so kannst du dies natürlich tun. Wenn du gerade am Anfang stehst, mit Farben auf diese Weise zu arbeiten, mache die Übung nicht länger als 20 Minuten. Denke daran, dass die Energien auch nachwirken können.

Die Absicht: Um zu signalisieren, dass du wirklich die Absicht hast, ganz kraftvoll mit der Farbe Gelb in Verbindung zu treten und diese in dein System einfließen zu lassen, sage einfach in Gedanken „Ich bitte darum, jetzt die Farbe Gelb zu mir fließen zu lassen, ich bin bereit für diese wunderbaren Energien" oder „Ich bitte darum, jetzt die Farbe Gelb in diese oder jene Situation fließen zu lassen" oder „Ich bitte darum, jetzt die Farbe Gelb zu Frau .... fließen zu lassen, zum höchsten und besten Wohle aller". Wenn du möchtest, formuliere auch den Grund, warum du mit Gelb arbeiten möchtest.

Trennen: Du wirst einen Impuls verspüren, der dir sagt, wann du deine Hand von der Buchseite nehmen und den Kontakt beenden kannst. Es gibt keinen Zufall, folge dem ersten Impuls. Vergiss nicht, dich ganz zum Schluss für die Erfahrung zu bedanken.

Farbschwingung Grün, Code GR222781090

Grün

Information, Sinn und Zweck: Die Farbe Grün entsteht, wenn wir Gelb und Blau vermischen. So sind auch die Eigenschaften dieser beiden Farben in Grün enthalten, allerdings versteckt und auch nur zweitrangig. Grün ist die Farbe der Natur. Die Natur signalisiert uns Weite. Grün wird den Atmungsorganen und dem physischen Herz zugeordnet. Wenn du mit Grün arbeitest, ist es durchaus möglich, dass deine Atmung tiefer und intensiver wird und dein ganzer Organismus noch mehr mit Sauerstoff versorgt wird. Grün wirkt begünstigend auf deine Kreativität und ist sogar in der Lage, verborgene Talente in dein Bewusstsein zu bringen. Grün ist auch für einen Neubeginn empfehlenswert. Planst du vielleicht, ein neues Tätigkeitsfeld anzutreten, in eine andere Stadt zu ziehen, eine neue Partnerschaft anzustreben? Dann ist Grün die Farbe der Wahl und kann dich in deinem Handeln unterstützen. Grün schafft auch Freiräume, lässt Enge und Einengungen bewusst werden und Lösungen finden.

Anwendung: Setze dich einfach bequem hin, lege deine linke Hand auf die Abbildung und lasse geschehen. Lasse die Farbe in dich hineinfließen und dort ihre Wirkung entfalten.

Dauer der Verbindung: Du kannst diese Verbindung aufrechterhalten, solange du das möchtest und solange es sich gut für dich anfühlt. Oft stellt sich ein weites und freies Gefühl ein, wenn du mit Grün arbeitest. Manchmal reichen auch nur ein paar Minuten, um diese Farbe in dein System aufzunehmen. Falls du jedoch länger in der dieser weiten und befreienden grünen Energie bleiben möchtest, so kannst du dies natürlich tun. Wenn du gerade am Anfang stehst, mit Farben auf diese Weise zu arbeiten, halte den Kontakt zunächst bitte nicht länger als 20 Minuten. Denke daran, dass die Energien auch nachwirken können.

Die Absicht: Um zu signalisieren, dass du wirklich die Absicht hast, mit der Farbe Grün in Verbindung zu treten und diese in dein System einfließen zu lassen, sage einfach in Gedanken „Ich bitte darum, jetzt die Farbe Grün zu mir fließen zu lassen, ich bin bereit für diese wunderbaren Energien" oder „Ich bitte darum, jetzt die Farbe Grün in diese oder jene Situation fließen zu lassen" oder „Ich bitte darum, jetzt die Farbe Grün zu Frau .... fließen zu lassen, zum höchsten und besten Wohle aller". Wenn du möchtest, formuliere auch den Grund, warum du mit Grün arbeiten möchtest.

Trennen: Du wirst einen Impuls verspüren, der dir sagt, wann du deine Hand von der Buchseite nehmen und den Kontakt beenden kannst. Es gibt keinen Zufall, folge dem ersten Impuls. Vergiss nicht, dich ganz zum Schluss für die Erfahrung zu bedanken.

Farbschwingung Rosa, Code RO447744121

Rosa

Information, Sinn und Zweck: Die Farbe Rosa ist eine sehr sanfte und zarte Farbe. Sie wirkt direkt auf den Herzbereich. Nicht unbedingt auf das physische Herz, eher auf die Gefühle, die sich im Herzen abspielen, also alle Herzensangelegenheiten. Rosa steht für die Liebe, die bedingungslose Liebe. Rosa fördert auch das Sich-annehmen-Können. In der Lage zu sein, sich selbst zu lieben, zu akzeptieren und respektieren, wie man ist – mit all seinen Fehlern. Genauso hilft dir Rosa auch, anderen Menschen bedingungslos Liebe entgegenbringen zu können. Besonders geeignet ist Rosa, wenn man diese Farbe in eine angespannte Situation hineinschickt. Es wird sich in der Regel sofort die Sanftheit von Rosa ausbreiten und die Menschen im Herzen berühren. Mit Rosa zu arbeiten, bringt die Gefühlsebene in Harmonie und lässt das Mitgefühl für anderes und andere wachsen (nicht das Mitleid, denn leiden wollen wir ja nicht).

Anwendung: Setze dich einfach bequem hin, lege deine linke Hand auf die Abbildung und lasse geschehen. Lasse die Farbe in dich hineinfließen und dort ihre Wirkung entfalten.

Dauer der Verbindung: Du kannst diese Verbindung aufrechterhalten, solange du das möchtest und solange es sich gut für dich anfühlt. Oft stellt sich ein warmes und weiches Gefühl im Herzen ein, wenn du mit Rosa arbeitest. Manchmal reichen auch nur ein paar Minuten, um diese Farbe in dein System aufzunehmen. Falls du jedoch länger in dieser warmen und weichen rosa Energie bleiben möchtest, so kannst du dies natürlich tun. Wenn du gerade am Anfang stehst, mit Farben auf diese Weise zu arbeiten, halte den Kontakt zunächst bitte nicht länger als 20 Minuten. Denke daran, dass die Energien auch nachwirken können.

Die Absicht: Um zu signalisieren, dass du wirklich die Absicht hast, mit der Farbe Rosa in Verbindung zu treten und diese in dein System einfließen zu lassen, sage einfach in Gedanken „Ich bitte darum, jetzt die Farbe Rosa zu mir fließen zu lassen, ich bin bereit für diese wunderbaren Energien" oder „Ich bitte darum, jetzt die Farbe Rosa in diese oder jene Situation fließen zu lassen" oder „Ich bitte darum, jetzt die Farbe Rosa zu Frau .... fließen zu lassen, zum höchsten und besten Wohle aller". Wenn du möchtest, formuliere auch den Grund, warum du mit Rosa arbeiten möchtest.

Trennen: Du wirst einen Impuls verspüren, der dir sagt, wann du deine Hand von der Buchseite nehmen und den Kontakt beenden kannst. Es gibt keinen Zufall, folge dem ersten Impuls. Vergiss nicht, dich ganz zum Schluss für die Erfahrung zu bedanken.

Farbschwingung Blau, Code BL177117001

Blau

Information, Sinn und Zweck: Die Farbe Blau ist eine Grundfarbe und sehr ruhig und kühl. Das bedeutet, das man mit Blau Hitze abkühlen kann. Ob es nun Entzündungen sind, erhitzte Gemüter oder einfach die wetterbedingte Hitze. Blau ist kühl und erfrischend. Blau steht aber auch für Vertrauen, den Mut zu handeln, Selbstvertrauen, das weibliche Prinzip, Fürsorge für sich und andere. Blau strahlt auch enorme Ruhe aus und lässt Frieden im Innen und Außen spüren. Wenn du mit Blau arbeitest und diese Farbe in dein System einfließen lässt, wirst du sicherlich spüren können, wie du sehr schnell ruhiger und entspannter wirst. Blau ist aber auch eine wichtige Farbe des Ausdrucks. Ausdruck im Sinne von Reden, Malen, Schreiben. Sich ausdrücken können und verstanden werden. Blau wird dich hier sanft und in ruhiger und friedlicher Weise unterstützen können. Blau wird dem Halschakra (Hellblau) und dem Stirnchakra (Königsblau) zugeordnet. Ich mache hier keine Unterscheidung der beiden Farbnuancen, da diese beiden Chakren sehr eng miteinander verbunden sind.

Anwendung: Setze dich einfach bequem hin, lege deine linke Hand auf die Abbildung und lasse geschehen. Lasse die Farbe in dich hineinfließen und dort ihre Wirkung entfalten.

Dauer der Verbindung: Du kannst diese Verbindung aufrechterhalten, solange du das möchtest und solange es sich gut für dich anfühlt. Oft stellt sich ein absolut ruhiges und friedliches Gefühl ein, wenn du mit Blau arbeitest. Manchmal reichen auch nur ein paar Minuten, um diese Farbe in dein System aufzunehmen. Falls du jedoch länger mit dieser beruhigenden blauen Energie arbeiten möchtest, so kannst du dies natürlich tun. Wenn du gerade am Anfang stehst, mit Farben auf diese Weise zu arbeiten, halte den Kontakt zunächst bitte nicht länger als 20 Minuten. Denke daran, dass die Energien auch nachwirken können.

Die Absicht: Um zu signalisieren, dass du wirklich die Absicht hast, mit der Farbe Blau in Verbindung zu treten und diese in dein System einfließen zu lassen, sage einfach in Gedanken „Ich bitte darum, jetzt die Farbe Blau zu mir fließen zu lassen, ich bin bereit für diese wunderbaren Energien" oder „Ich bitte darum, jetzt die Farbe Blau in diese oder jene Situation fließen zu lassen" oder „Ich bitte darum, jetzt die Farbe Blau zu Frau .... fließen zu lassen, zum höchsten und besten Wohle aller". Wenn du möchtest, formuliere auch den Grund, warum du mit Blau arbeiten möchtest.

Trennen: Du wirst einen Impuls verspüren, der dir sagt, wann du deine Hand von der Buchseite nehmen und den Kontakt beenden kannst. Es gibt keinen Zufall, folge dem ersten Impuls. Vergiss nicht, dich ganz zum Schluss für die Erfahrung zu bedanken.

Farbschwingung Violett, Code VI881882091

Violett

Information, Sinn und Zweck: Die Farbe Violett ist eine Mischfarbe, die aus Blau und Rot besteht. Eine Farbe, die zwei Extreme zusammenbringt: die Eigenschaften von Blau (Kosmos, Frieden, Ruhe, Geborgenheit, Vertrauen, das weibliche Prinzip ...) und Rot (Kraft, Stärke, Standhaftigkeit, Erdung, Durchsetzungsvermogen, das männliche Prinzip ...). Eine sehr heilende Farbe, da sie das kosmische Blau mit dem absolut irdischen Rot in Einklang bringt und harmonisiert. Violett steht auch für das Elternhaus mit allen Dingen, die darin geschehen sind und die dich vielleicht geprägt haben und heute noch beeinflussen. Eine sehr spirituelle Farbe. Sie wird oft eingesetzt, um „den Draht nach oben" zu fördern und zu verstärken. Violett wirkt stark auf das Scheitelchakra. Violett kann zum einen sehr kraftvoll erfahren werden, dann wirkt mehr der Rotanteil, aber andererseits auch sehr ruhig, harmonisch und ausgleichend, wenn eher der Blauanteil im Vordergrund steht.

Anwendung: Setze dich einfach bequem hin, lege deine linke Hand auf die Abbildung und lasse geschehen. Lasse die Farbe in dich hineinfließen und dort ihre Wirkung entfalten.

Dauer der Verbindung: Du kannst diese Verbindung aufrechterhalten, solange du das möchtest und solange es sich gut für dich anfühlt. Oft stellt sich ein absolut ruhiges und friedliches, manchmal auch ein sehr kräftiges Gefühl ein, wenn du mit Violett arbeitest. Manchmal reichen auch nur ein paar Minuten, um diese Farbe in dein System aufzunehmen. Falls du jedoch länger mit dieser harmonisierenden violetten Energie arbeiten möchtest, so kannst du dies natürlich tun. Wenn du gerade am Anfang stehst, mit Farben auf diese Weise zu arbeiten, halte den Kontakt zunächst bitte nicht länger als 20 Minuten. Denke daran, dass die Energien auch nachwirken können.

Die Absicht: Um zu signalisieren, dass du wirklich die Absicht hast, mit der Farbe Violett in Verbindung zu treten und diese in dein System einfließen zu lassen, sage einfach in Gedanken „Ich bitte darum, jetzt die Farbe Violett zu mir fließen zu lassen, ich bin bereit für diese wunderbaren Energien" oder „Ich bitte darum, jetzt die Farbe Violett in diese oder jene Situation fließen zu lassen" oder „Ich bitte darum, jetzt die Farbe Violett zu Frau .... fließen zu lassen, zum höchsten und besten Wohle aller". Wenn du möchtest, formuliere auch den Grund, warum du mit Violett arbeiten möchtest.

Trennen: Du wirst einen Impuls verspüren, der dir sagt, wann du deine Hand von der Buchseite nehmen und den Kontakt beenden kannst. Es gibt keinen Zufall, folge dem ersten Impuls. Vergiss nicht, dich ganz zum Schluss für die Erfahrung zu bedanken.

Farbschwingung Weiß, Code WE100000132

Weiß

Information, Sinn und Zweck: Weiß ist eine „Farbe", die alle anderen Farben zu gleichen Teilen enthält. Weiß steht für Entscheidungen. Hast du vielleicht eine Entscheidung zu treffen, arbeite mit Weiß und es wird dich unterstützen. Weiß steht auch für Reinheit, Reinigung, Klarheit. Weiß symbolisiert das reine Licht. Du kannst dich auch mit Weiß schützen, wenn du die entsprechende Absicht formulierst und dich verbindest. Weiß bringt Klarheit in undurchsichtige Situationen oder Begebenheiten. Liegt vielleicht etwas in deiner Vergangenheit im Dunkeln, dann verbinde dich mit Weiß und lasse Licht und Klarheit in diese Geschichte hineinfließen. Achte dabei mit allen Sinnen darauf, was geschieht. Vielleicht wird dir warm, vielleicht stellen sich Leichtigkeit und Freude ein. Versuche es, lasse Weiß mit dir und für dich arbeiten.

Anwendung: Setze dich einfach bequem hin, lege deine linke Hand auf die Abbildung und lasse geschehen. Lasse die Farbe in dich hineinfließen und dort ihre Wirkung entfalten.

Dauer der Verbindung: Du kannst diese Verbindung aufrechterhalten, solange du das möchtest und solange es sich gut für dich anfühlt. Oft stellt sich ein absolut klares und reines Gefühl ein, das du einfach deuten kannst, wenn du mit Weiß arbeitest. Manchmal reichen auch nur ein paar Minuten, um diese Farbe in dein System aufzunehmen. Falls du dich jedoch länger in dieser feinen und dennoch kraftvollen weißen Energie aufhalten möchtest, so kannst du dies natürlich tun. Wenn du gerade am Anfang stehst, mit Farben auf diese Weise zu arbeiten, halte den Kontakt zunächst bitte nicht länger als 20 Minuten. Denke daran, dass die Energien auch nachwirken können.

Die Absicht: Um zu signalisieren, dass du wirklich die Absicht hast, mit der Farbe Weiß in Verbindung zu treten und diese in dein System einfließen zu lassen, sage einfach in Gedanken „Ich bitte darum, jetzt die Farbe Weiß zu mir fließen zu lassen, um Klarheit bei .... zu erlangen" oder „Ich bitte darum, jetzt die Farbe Weiß in diese oder jene Situation fließen zu lassen" oder „Ich bitte darum, jetzt die Farbe Weiß zu Frau .... fließen zu lassen, zum höchsten und besten Wohle aller". Wenn du möchtest, formuliere auch den Grund, warum du mit Weiß arbeiten möchtest.

Trennen: Du wirst einen Impuls verspüren, der dir sagt, wann du deine Hand von der Buchseite nehmen und den Kontakt beenden kannst. Es gibt keinen Zufall, folge dem ersten Impuls. Vergiss nicht, dich ganz zum Schluss für die Erfahrung zu bedanken.

Farbschwingung Türkis, Code TU200301050

Türkis

Information, Sinn und Zweck: Die Farbe Türkis besteht aus Blau und Grün. Wir finden also in dieser Farbe alle Aspekte und Eigenschaften von Blau und ebenso von Grün. Letztere ist selbst eine Mischfarbe, die aus Gelb und Blau besteht. Somit ist hier ebenfalls die Wirkung von Gelb mit enthalten. Was aber am stärksten wirkt, ist die Farbe Türkis als Ganzes. Türkis steht für die Kommunikation des Herzens. Türkis verbindet das Herz- mit dem Halschakra. Türkis kann dir deine kreativen Fähigkeiten bewusst machen und dazu führen, deine Vorhaben und Ideen in die Tat umzusetzen. Oft wird Türkis auch mit Delfinen und Atlantis in Verbindung gebracht. Was die Delfine angeht, so symbolisieren diese Leichtigkeit, Verspieltheit und familiäres Zusammengehörigkeitsgefühl. Wie oft nehmen wir uns und unser Tun viel zu ernst? Die geistige Welt mag es, wenn wir, mit Leichtigkeit und verspielt mit unserem Leben umgehen. Die Farbe Türkis wird dir dabei helfen.

Anwendung: Setze dich einfach bequem hin, lege deine linke Hand auf die Abbildung und lasse geschehen. Lasse die Farbe in dich hineinfließen und dort ihre Wirkung entfalten.

Dauer der Verbindung: Du kannst diese Verbindung aufrechterhalten, solange du das möchtest und solange es sich gut für dich anfühlt. Oft stellt sich ein sehr harmonisierendes und das Herz berührendes Gefühl ein, wenn du mit Türkis arbeitest. Manchmal reichen auch nur ein paar Minuten, um diese Farbe in dein System aufzunehmen. Falls du jedoch länger mit dieser wundervollen türkisfarbenen Energie arbeiten möchtest, so kannst du dies natürlich tun. Wenn du gerade am Anfang stehst, mit Farben auf diese Weise zu arbeiten, halte den Kontakt zunächst bitte nicht länger als 20 Minuten. Denke daran, dass die Energien auch nachwirken können.

Die Absicht: Um zu signalisieren, dass du wirklich die Absicht hast, mit der Farbe Türkis in Verbindung zu treten und diese in dein System einfließen zu lassen, sage einfach in Gedanken „Ich bitte darum, jetzt die Farbe Türkis zu mir fließen zu lassen, ich bin bereit für diese wunderbaren Energien" oder „Ich bitte darum, jetzt die Farbe Türkis in diese oder jene Situation fließen zu lassen, um die Schwere herauszunehmen" oder „Ich bitte darum, jetzt die Farbe Türkis zu Frau ……….. fließen zu lassen, zum höchsten und besten Wohle aller". Wenn du möchtest, formuliere auch den Grund, warum du mit Türkis arbeiten möchtest.

Trennen: Du wirst einen Impuls verspüren, der dir sagt, wann du deine Hand von der Buchseite nehmen und den Kontakt beenden kannst. Es gibt keinen Zufall, folge dem ersten Impuls. Vergiss nicht, dich ganz zum Schluss für die Erfahrung zu bedanken.

Die Naturwesen

Wer kennt sie nicht, die Elfen, Devas, Einhörner und anderen Naturwesen? Sicherlich hast du schon von ihnen gehört, sonst hättest du vielleicht dieses Kapitel übersprungen. Es gibt sehr viele Wesenheiten oder Völker, die unter dem Namen „Naturwesen" bzw. „Naturgeister" zusammengefasst werden. Ich will mich hier auf die geläufigsten beschränken.

Wenn wir durch die Natur gehen, einen meditativen, erholsamen Spaziergang durch einen Wald oder weite Felder unternehmen, so ist es durchaus möglich, dass wir diese Wesen sehen können. Wenn du vielleicht nicht der „sehende" Typ bist, dann kannst du sie vielleicht einfach auf andere Weise wahrnehmen.

Doch da stellt sich die Frage, wie wir diese wundervollen Wesen sehen können? Indem wir unseren Blickwinkel erweitern. Normalerweise schauen wir geradeaus, sehen vielleicht ein wenig noch nach rechts und links – das ist unser normaler „Alltagsblick". Natürlich reicht diese Art des Schauens aus, um unsere alltäglichen Aufgaben zu meistern. Doch um Naturwesen sehen zu können, müssen wir unseren Blick weiter ausdehnen. Das bedeutet, dass wir, obwohl wir geradeaus schauen, auch rechts und links von uns alles sehen können. Sozusagen aus den Augenwinkeln heraus. Du brauchst jetzt nicht das Schielen zu trainieren, das ist damit nicht gemeint. Es geht einfach nur darum, die Wahrnehmung bis zu den Augenwinkeln ausdehnen. Meistens zeigen sich dort die Wesen als Schatten oder vorbeifliegendes Etwas. Nimmst du so etwas wahr, dann versuche nicht den Kopf zu drehen und genau hinzuschauen, denn dann wird es wieder verschwinden. Genieße die Wahrnehmungen, die du so erlangen kannst.

Die Naturwesen mögen es sehr verspielt und möchten mit Respekt behandelt werden. Gehst du vielleicht durch den Wald und isst einen Apfel, kannst du einfach ein kleines Stück an den Wegesrand legen und wissen, dass dieses Stück für die Naturwesen ist. Oder hast du einen schön gestalteten oder vielleicht einen wilden Garten? Dann stelle doch einfach mal ein Schälchen mit Wasser hin, wieder mit dem Bewusstsein, das dies nur für die Naturwesen ist. Den Naturwesen gefällt das, sie fühlen sich wahrgenommen und respektiert. Versuche es einmal.

Mit der hier vorgestellten „Touch the Spirit"-Methode, die wir auf den nächsten Seiten auch auf die Naturwesen anwenden werden, kannst du ganz leicht mit der Energie der Naturwesen in Kontakt treten. Spüre einfach mal diese kleinen Wesen, spüre die Leichtigkeit und die Erdverbundenheit. Es ist ein wahres Erlebnis.[*]

---

[*] Wenn du dich noch mehr für Naturwesen interessierst, kann ich wärmstens das Buch *Feen, Elfen, Gnome* von Jeanne Ruland empfehlen.

Schwingung Elfen, Code EL132411230

Elfen

Information, Sinn und Zweck: Elfen sind kleine Wesen, die sich in und um Pflanzen aufhalten. Es gibt weibliche und männliche Elfen, deren Verhalten von Leichtigkeit, Offenheit, Spontaneität, Beweglichkeit und Schöpferkraft gekennzeichnet ist. Die Aufgabe der Elfen ist es, in der Flora zu wirken und allen Pflanzen ihre besondere Ausstrahlung zu verleihen. Ein unerklärliches Wackeln von Pflanzen, ein Zittern von Ästen oder das Beugen von einzelnen Gräsern und Blüten, selbst wenn kein Wind vorhanden ist, zeigt uns die Gegenwart von Elfen an. Wenn du gern die Nähe dieser zarten Geschöpfe spüren möchtest oder die Leichtigkeit, Offenheit und Beweglichkeit in dein Leben einladen möchtest, dann verbinde dich genau mit dieser Absicht mit den Elfen. Oder möchtest du gern mit der Elfe einer bestimmten Pflanze Kontakt bekommen? Dann begib dich in die Nähe dieser Pflanze, sprich deine Absicht aus und verbinde dich. Schaue, was geschieht.

Anwendung: Setze dich einfach bequem hin, lege deine linke Hand auf die Abbildung und lasse geschehen, was immer geschehen mag. Lass dich ganz auf die Energie der Naturwesen ein.

Dauer der Verbindung: Oft stellt sich ein sehr harmonisierendes, leichtes und dein Herz berührendes Gefühl ein, wenn du mit der Elfenenergie arbeitest. Manchmal reichen auch nur ein paar Minuten, um diese Energie in dein System aufzunehmen. Falls du jedoch länger in der dieser wundervollen Elfenenergie arbeiten möchtest, so kannst du dies natürlich tun. Wenn du gerade beginnst, mit solchen Schwingungen zu arbeiten, halte den Kontakt zunächst bitte nicht länger als 20 Minuten. Achte auf dein Gefühl, das dir sagen wird, wann es Zeit ist, den Kontakt zu beenden. Denke daran, dass die Energien auch nachwirken können.

Die Absicht: Um zu signalisieren, dass du wirklich die Absicht hast, mit den zarten Energien der Elfen in Verbindung zu treten und diese in dein System einfließen zu lassen, sage einfach in Gedanken „Ich bitte darum, jetzt Elfenenergie zu mir fließen zu lassen, ich bin bereit für diese wunderbaren Energien" oder „Ich bitte darum, jetzt die Elfenenergien in diese oder jene Situation fließen zu lassen, um die Leichtigkeit zu erfahren" oder „Ich bitte darum, jetzt die Elfenenergie zu Frau .... fließen zu lassen, zum höchsten und besten Wohle aller". Wenn du möchtest, formuliere auch den Grund, warum du in diesem Moment mit den Elfen arbeiten möchtest.

Trennen: Du wirst einen Impuls verspüren, der dir sagt, wann du deine Hand von der Buchseite nehmen und den Kontakt beenden kannst. Es gibt keinen Zufall, folge dem ersten Impuls. Vergiss nicht, dich ganz zum Schluss für die Erfahrung zu bedanken.

Schwingung Einhörner, Code EIN102030133

Einhörner

Information, Sinn und Zweck: Welch wunderbare Geschöpfe Einhörner sind! Sie leben nach Diana Cooper in der 8. Dimension. Durch die Schwingungserhöhung der Erde und die zunehmende Offenheit der Menschen werden Einhörner immer präsenter. Einhörner sind sehr scheue Wesen, zahm und liebevoll. Sie berühren uns in unseren Herzen. Das Horn des Einhorns ist von jeher ein Symbol für Heilung. So kann man sich auch bei Beschwerden diese Energie mit der „Touch the Spirit"-Methode mühelos in unsere Dimension holen. Wenn du eine klare Absicht formulierst, wird es umso leichter funktionieren. Vielleicht möchte sich dir ein Einhorn einfach nur einmal zeigen, damit du die Ganzheit, die Zartheit dieser Wesen spüren kannst. Lasse deine Fantasie spielen und formuliere deine Absicht.

Anwendung: Setze dich einfach bequem hin, lege deine linke Hand auf die Abbildung und lasse geschehen, was immer geschehen mag. Lass dich ganz auf die Energie der Naturwesen ein.

Dauer der Verbindung: Der Kontakt mit Einhorn-Energie geht oft einher mit einem sanften, zarten Gefühl im Herzen. Nicht selten bekommt man vor Rührung feuchte Augen. Manchmal reichen nur ein paar Minuten, um diese Energie in dein System aufzunehmen. Falls du jedoch länger mit der dieser wundervollen Einhorn-Energie arbeiten möchtest, so kannst du dies natürlich tun. Wenn du gerade beginnst, mit solchen Schwingungen zu arbeiten, halte den Kontakt zunächst bitte nicht länger als 20 Minuten. Achte auf dein Gefühl, das dir sagen wird, wann es Zeit ist, den Kontakt zu beenden. Denke daran, dass die Energien auch nachwirken können.

Die Absicht: Um zu signalisieren, dass du wirklich die Absicht hast, mit der Einhorn-Energie in Verbindung zu treten und diese in dein System einfließen zu lassen, sage einfach in Gedanken „Ich bitte darum, jetzt Einhorn-Energie zu mir fließen zu lassen, ich bin bereit für diese wunderbaren Energien" oder „Ich bitte darum, jetzt die heilende Kraft des Horns auf meine schmerzende Stelle ……….. zu richten, um meine Selbstheilungskräfte anzuregen". Oder schicke Heilung in eine vergangene Situation mit der Formulierung „Ich bitte jetzt die heilende Einhorn-Energie in die Situation ……….. fließen zu lassen, zum höchsten und besten Wohle aller". Wenn du möchtest, formuliere auch den Grund, warum du in diesem Moment mit den Einhörnern arbeiten möchtest.

Trennen: Du wirst einen Impuls verspüren, der dir sagt, wann du deine Hand von der Buchseite nehmen und den Kontakt beenden kannst. Es gibt keinen Zufall, folge dem ersten Impuls. Vergiss nicht, dich ganz zum Schluss für die Erfahrung zu bedanken.

Schwingung Devas, Code DE110110909

Devas

Information, Sinn und Zweck: Devas sind die Mystiker unter den Naturwesen, die sich mit ihrem ganzen Wesen mit der göttlichen Energie vereinen. Sie sind in der Lage, das göttliche Licht aus dem Kosmos in alle Wesen zu leiten und halten es dort aufrecht, sodass sich ein göttlicher Plan entfalten kann. Durch ihre Tätigkeit bauen die Devas das Lichtfeld der Pflanzen auf und stärken es. Devas hüten und hegen das Leben nach göttlichem Plan in der Natur. Die Devas sind zuständig für den ständigen Austausch der Lichtsubstanz, des Atems der Natur. Die Devas sind stets bemüht, das Licht, die Schönheit, die Reinheit und die Harmonie zurückzubringen, die wir als Menschen auch kennen, aber oft nicht leben. Verbinde dich mit den Devas, um diese Schönheit, Reinheit und Harmonie wiederzuerkennen.

Anwendung: Setze dich einfach bequem hin, lege deine linke Hand auf die Abbildung und lasse geschehen, was immer geschehen mag. Lass dich ganz auf die Energie der Naturwesen ein.

Dauer der Verbindung: Der Kontakt mit den Devas bzw. der Energie dieser Wesen geht oft mit einem sanften Gefühl der Lebensfreude einher. Spüre in deinem Herzen, wie sich Harmonie ausbreitet. Manchmal reichen nur ein paar Minuten, um diese Energie in dein System aufzunehmen. Falls du jedoch länger in dieser wundervollen Deva-Energie verweilen möchtest, so kannst du dies natürlich tun. Wenn du gerade beginnst, mit solchen Schwingungen zu arbeiten, halte den Kontakt zunächst bitte nicht länger als 20 Minuten. Achte auf dein Gefühl, das dir sagen wird, wann es Zeit ist, den Kontakt zu beenden. Denke daran, dass die Energien auch nachwirken können.

Die Absicht: Um zu signalisieren, dass du wirklich die Absicht hast, mit der Deva-Energie in Verbindung zu treten und diese in dein System einfließen zu lassen, sage einfach in Gedanken „Ich bitte darum, jetzt die Energie der Devas zu mir fließen zu lassen, ich bin bereit für diese wunderbaren Energien" oder „Ich bitte jetzt die Devas, mir die Schönheit und Harmonie des Lebens wieder bewusst werden zu lassen" oder „Ich bitte darum, jetzt die harmonische Energie der lichtvollen Devas in die Situation .... fließen zu lassen, zum höchsten und besten Wohle aller". Wenn du möchtest, formuliere auch den Grund, warum du mit den Devas arbeiten möchtest.

Trennen: Du wirst einen Impuls verspüren, der dir sagt, wann du deine Hand von der Buchseite nehmen und den Kontakt beenden kannst. Es gibt keinen Zufall, folge dem ersten Impuls. Vergiss nicht, dich ganz zum Schluss für die Erfahrung zu bedanken.

Schwingung Faune, Code FA787632000

Faune (Baumgeister)

Information, Sinn und Zweck: Ein Faun hat die Eigenschaften, höhere Ideale zu verwirklichen. Er nimmt wo genug ist, und verteilt es dort, wo es fehlt (Gerechtigkeit). Er wirkt stets ausgleichend und versorgt und schützt einen Baum und dessen Umgebung. Faune sind das Leben liebende Wesen und bringen auch dem Menschen Liebe entgegen. Wenn du dich mit den Faunen verbindest, werden dir gewisse Eigenschaften deiner momentanen Situation bewusst. Ein Faun kann dir Standhaftigkeit, Gerechtigkeit und Schutzthemen näherbringen. Vielleicht hast du in deiner Umgebung einen Baum, der dir schon immer aufgefallen ist. Gehe zu diesem Baum, lege dann deine Hand auf die Abbildung in diesem Buch und bitte um Verbindung mit dem Faun des Baumes. Die Erfahrung wird durch die physische Anwesenheit deiner Person noch einmal verstärkt.

Anwendung: Setze dich einfach bequem hin, lege deine linke Hand auf die Abbildung und lasse geschehen, was immer geschehen mag. Lass dich ganz auf die Energie der Naturwesen ein.

Dauer der Verbindung: Der Kontakt mit den Faunen bzw. der Energie dieser Wesen geht oft mit einem sanften Gefühl der Wärme im Herzen einher. Spüre in deinem Herzen, wie sich Liebe ausbreiten kann und dein Rückgrat sich aufrichtet. Manchmal reichen nur ein paar Minuten, um diese Energie in dein System aufzunehmen. Falls du jedoch länger in dieser wundervollen Faun-Energie verweilen möchtest, so kannst du dies natürlich tun. Wenn du gerade beginnst, mit solchen Schwingungen zu arbeiten, halte den Kontakt zunächst bitte nicht länger als 20 Minuten. Achte auf dein Gefühl, das dir sagen wird, wann es Zeit ist, den Kontakt zu beenden. Denke daran, dass die Energien auch nachwirken können.

Die Absicht: Um zu signalisieren, dass du wirklich die Absicht hast, mit der Faun-Energie in Verbindung zu treten und diese in dein System einfließen zu lassen, sage einfach in Gedanken „Ich bitte darum, jetzt die Energie der Faune zu mir fließen zu lassen, ich bin bereit für diese wunderbaren Energien" oder „Ich bitte jetzt die Faune, oder den Faun, mir die Liebe und Gerechtigkeit im Leben wieder bewusst werden zu lassen" oder „Ich bitte darum, jetzt die harmonische Energie der liebevollen Faune in die Situation .... fließen zu lassen, zum höchsten und besten Wohle aller". Wenn du möchtest, formuliere auch den Grund, warum du jetzt mit den Faunen arbeiten möchtest.

Trennen: Du wirst einen Impuls verspüren, der dir sagt, wann du deine Hand von der Buchseite nehmen und den Kontakt beenden kannst. Es gibt keinen Zufall, folge dem ersten Impuls. Vergiss nicht, dich ganz zum Schluss für die Erfahrung zu bedanken.

Schwingung Delfine, Code DE389333132

Delfine

Information, Sinn und Zweck:	Delfine sind äußerst intelligente Säugetiere, die oft den Kontakt zu uns Menschen suchen. Sie sind zutraulich, haben einen sechsten Sinn und es gibt die tollsten Berichte über Kontakte mit Delfinen. Delfinschwimmen wird auch zu therapeutischen Zwecken eingesetzt. Möchtest du gern die verspielte Leichtigkeit wahrnehmen und diese mehr und mehr in dein Leben integrieren, dann verbinde dich mit den „Engeln der Meere", den Delfinen.
Anwendung:	Setze dich einfach bequem hin, lege deine linke Hand auf die Abbildung und lasse geschehen, was immer geschehen mag. Lass dich ganz auf die Energie der Tiere ein.
Dauer der Verbindung:	Der Kontakt mit den Delfinen geht in der Regel sehr schnell. Du wirst den Kontakt sofort in deinem Herz-Hals-Bereich spüren können. Es ist ein Gefühl von sanftem Streicheln, Wärme oder auch ein feiner Windhauch. Manchmal reichen nur ein paar Minuten, um diese Energie in dein System aufzunehmen. Falls du jedoch länger in dieser wundervollen Delfinenergie verweilen möchtest, so kannst du dies natürlich tun. Wenn du gerade beginnst, mit solchen Schwingungen zu arbeiten, halte den Kontakt zunächst bitte nicht länger als 20 Minuten. Achte auf dein Gefühl, das dir sagen wird, wann es Zeit ist, den Kontakt zu beenden. Denke daran, dass die Energien auch nachwirken können.
Die Absicht:	Um zu signalisieren, dass du wirklich die Absicht hast, mit der Delfinenergie in Verbindung zu treten und diese in dein System einfließen zu lassen, sage einfach in Gedanken „Ich bitte darum, jetzt die Energie der Delfine zu mir fließen zu lassen, ich bin bereit für diese wunderbaren Energien" oder „Ich bitte jetzt die Delfine, mir die Leichtigkeit in meinem Leben zu zeigen und diese Eigenschaft in mein Sein zu integrieren" oder „Ich bitte darum, jetzt die harmonische Energie der wunderbaren Delfine in die Situation .... fließen zu lassen, zum höchsten und besten Wohle aller". Wenn du möchtest, formuliere auch den Grund, warum du in dieser Phase deines Lebens mit den Delfinen arbeiten möchtest. Übrigens: Wenn du während des Kontaktes noch die Farbe Türkis visualisierst, kann das die Erfahrung und Wirkung enorm verstärken.
Trennen:	Du wirst einen Impuls verspüren, der dir sagt, wann du deine Hand von der Buchseite nehmen und den Kontakt beenden kannst. Es gibt keinen Zufall, folge dem ersten Impuls. Vergiss nicht, dich ganz zum Schluss für die Erfahrung zu bedanken.

Schwingung Zwerge, Code ZW747577977

Zwerge

Information, Sinn und Zweck: Die Zwerge gehören zum kleinen Volk. Die Zwerge sind freundliche und gesellige Wesen. Folgende Energien können wir von ihnen empfangen und nutzen: Rechtschaffenheit, Ausdauer, Traditionsbewusstsein, Zuverlässigkeit, Ordnungssinn, Humor, Hilfsbereitschaft und Freundlichkeit. Nicht zuletzt können sie uns Menschen Schutz bieten. Das freundliche Zwergenvolk hat gern Kontakt zu uns Menschen, und durch ihre Hilfsbereitschaft geben sie uns gerne, was wir benötigen. Hast zu vielleicht Probleme mit der Ausdauer, bist immer viel zu ernst, neigst vielleicht zur Unordnung? Verbinde dich mit den Zwergen, spüre das kleine Volk und nimm die Energie wahr.

Anwendung: Setze dich einfach bequem hin, lege deine linke Hand auf die Abbildung und lasse geschehen, was immer geschehen mag. Lass dich ganz auf die Energie der Naturwesen ein.

Dauer der Verbindung: Der Kontakt mit den Zwergen bzw. den Energien der Zwerge geht in der Regel recht zügig. Du wirst den Kontakt vielleicht in deinen Füßen und Beinen spüren. Die Energie ist kraftvoll und stark erdend. Manchmal reichen nur ein paar Minuten, um diese Energie in dein System aufzunehmen. Falls du jedoch länger mit dieser Zwergen-Energie arbeiten möchtest, so kannst du dies natürlich tun. Wenn du gerade beginnst, mit solchen Schwingungen zu arbeiten, halte den Kontakt zunächst bitte nicht länger als 20 Minuten. Achte auf dein Gefühl, das dir sagen wird, wann es Zeit ist, den Kontakt zu beenden. Denke daran, dass die Energien auch nachwirken können.

Die Absicht: Um zu signalisieren, dass du wirklich die Absicht hast, mit der Zwergen-Energie in Verbindung zu treten und diese in dein System einfließen zu lassen, sage einfach in Gedanken „Ich bitte darum, jetzt die Energie der Zwerge zu mir fließen zu lassen, ich bin bereit für diese kraftvolle Energien" oder „Ich bitte jetzt die Zwerge, mir die nötige Ausdauer und die Fröhlichkeit in meinem Leben zu zeigen und diese Eigenschaften in mein Sein zu integrieren" oder „Ich bitte darum, jetzt die Energie der wunderbaren Zwerge in die Situation .... fließen zu lassen, zum höchsten und besten Wohle aller". Wenn du möchtest, formuliere auch den Grund, warum du mit den Zwergen arbeiten möchtest. Übrigens: Wenn du während des Kontaktes noch die Farbe Türkis visualisierst, kann das die Erfahrung und Wirkung enorm verstärken.

Trennen: Du wirst einen Impuls verspüren, der dir sagt, wann du deine Hand von der Buchseite nehmen und den Kontakt beenden kannst. Es gibt keinen Zufall, folge dem ersten Impuls. Vergiss nicht, dich ganz zum Schluss für die Erfahrung zu bedanken.

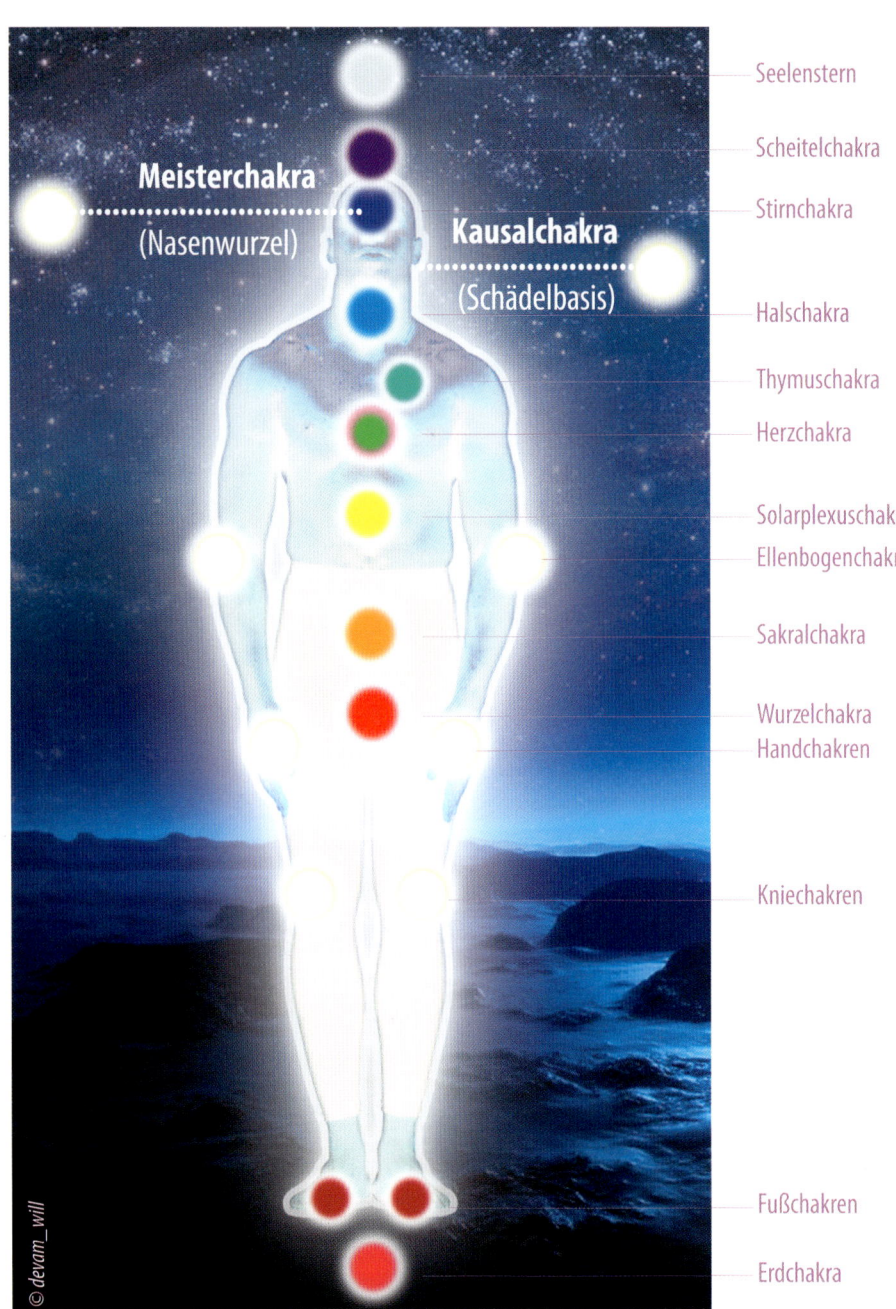

Abbildung „Die Chakren" entnommen aus Die Seraphim erleben, Seite 67

Die Harmonisierung der Chakren

Sicherlich sind dir die sieben Hauptchakren an unserem physischen Körper, um diesen herum und in unseren feinstofflichen Körpern bekannt oder du hast schon einmal davon gehört. Wenn nicht, stellt das kein Problem dar, denn die Chakren werden auf den folgenden Seiten noch einmal kurz erläutert. Zum besseren Verständnis der Lage der Chakren findest du auf der linken Seite eine Abbildung, in der die unterschiedlichen Energiefelder eingezeichnet sind.

Es gibt neben den 7 Hauptchakren (Wurzelchakra, Sakralchakra, Solarplexus, Herzchakra, Halschakra, Stirnchakra und Scheitelchakra) eine ganze Reihe von Nebenchakren und ebenso viele Chakren, die außerhalb unseres Körpers liegen, und die in der jetzigen und kommenden Zeit immer mehr an Bedeutung gewinnen.

Chakren nehmen Energien auf und geben Energien ab. Sie verteilen Energie in unser Umfeld, in Situationen und an andere Menschen. Chakren sind immer in Bewegung. Nun kommt es natürlich vor, dass unsere Chakren Energien aufnehmen, die nicht zu uns gehören und die somit das Energiefeld schwächen können. Wenn du die nachfolgenden „Touch the Spirit"-Übungen durchführst, werden die Chakren gereinigt, harmonisiert, mehr aktiviert und dir bewusster gemacht. Somit werden sie mehr in dein System, in dein Leben integriert.

Dies ist nicht zu vergleichen mit einer therapeutischen Chakra-Behandlung, wie du sie z. B. bei einem Heilpraktiker deines Vertrauens erfahren kannst. Wenn du größere Probleme hast und in dir der Eindruck besteht, eine tiefgehende Behandlung deiner Energiefelder zu benötigen, dann suche bitte einen entsprechenden Therapeuten auf, der dich in diesem Prozess begleiten wird. Bei den Übungen in *Touch the Spirit* wird nur das geschehen, was dein energetisches System vertragen kann. Es dient der Bewusstwerdung und dazu, leichter und achtsamer durchs Leben zu gehen.

Hier ein Beispiel aus der Praxis: Das Wurzelchakra einer Dame war geschwächt, was zur Folge hatte, dass sie antrieblos war, schnell müde wurde und ihr sonst so starker Tatendrang verschwunden war. Als sie die „Touch the Spirit"-Übung mit dem Wurzelchakra macht, spürte sie Wärme in diesem Chakra. Sie merkte, wie etwas in Bewegung kam. Sie spürte, wie ihre Kraft mehr und mehr zurückkam. Das Chakra wurde lediglich harmonisiert. Während einer späteren Meditation, so erzählte mir die Dame, wurden ihr Bilder von Begebenheiten gezeigt, die dazu geführt hatten, dass ihr Wurzelchakra nicht mehr über seine ganze Kraft verfügen konnte. Sie veränderte ein paar Kleinigkeiten in ihrem Leben, die ihr unnützerweise Energie raubten. So konnte das Chakra stabil bleiben. Ihr Tatendrang kam zurück und blieb. Die übermäßige Müdigkeit schwand. Zur Stabilisierung machte sie die „Touch the Spirit"-Übung in immer größeren Abständen erneut. Dies ist nur ein Beispiel, eine Situation, eine Erfahrung, die für diese Dame wichtig war. So etwas muss nicht immer gleich aussehen. Wie bereits erwähnt, wird nur soviel „bewegt", wie dein System vertragen kann. Und das immer zum Besten deiner Person.

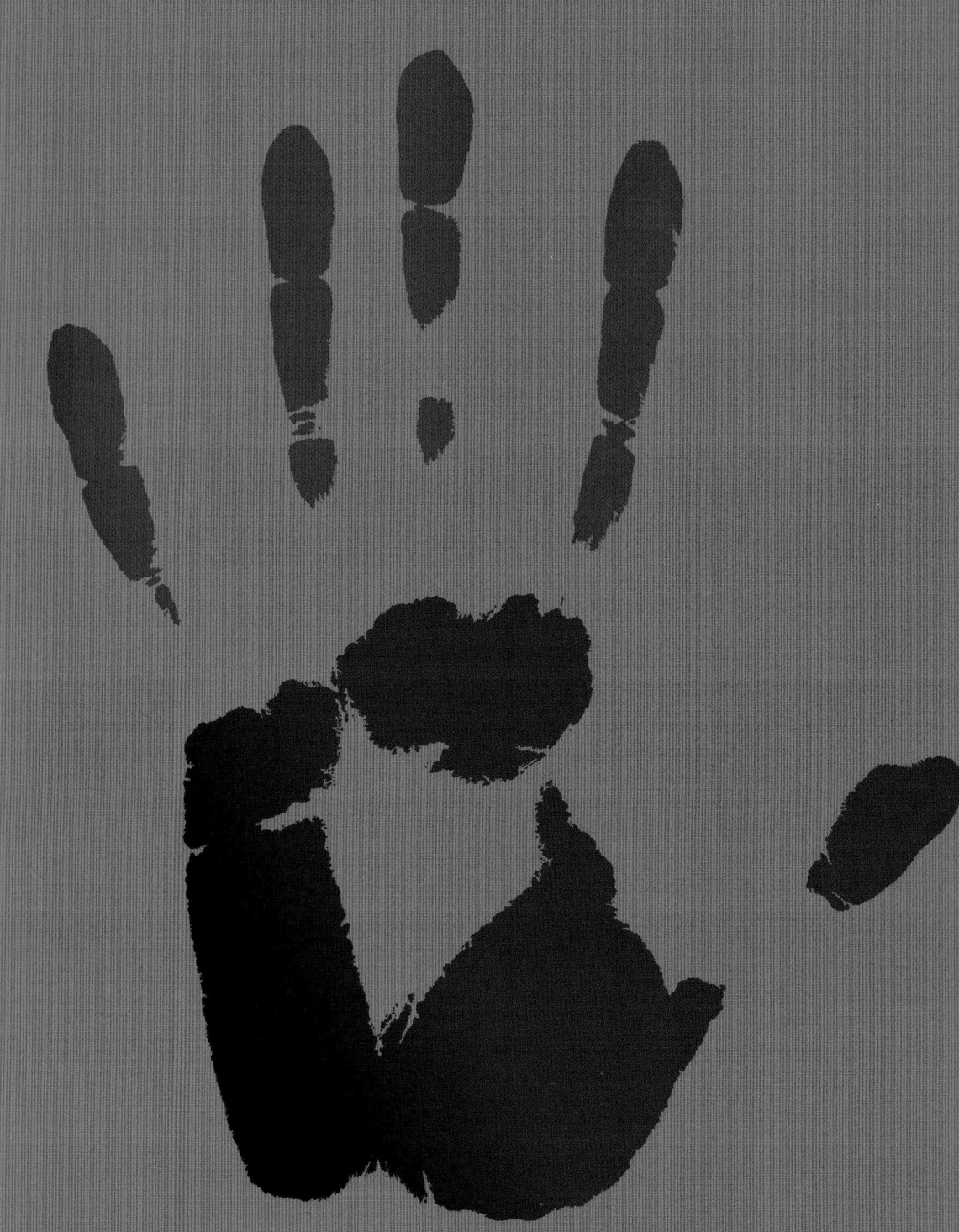

Erdchakra, Code ER088897731

Erdchakra

Information, Sinn und Zweck:

Das Erdchakra befindet sich eine Handbreit oder mehr unterhalb der Füße. Es öffnet sich nach unten. Dieses Chakra gehört zu den Nebenchakren. Ihm wird die Farbe Rubinrot zugeordnet. Das Erdchakra steht für die Verantwortung, die man für sein Leben tragen soll. Verantwortung für alles, was man hier auf der Erde tut, getan hat und tun wird. Wie gern schieben wir Verantwortung anderen zu und drücken uns davor, sie zu tragen! Dieses Thema ist dem Erdchakra zugeordnet. Es steht zudem für die absolute Erdung. Es ist wichtig für Menschen, die viel in spirituellen Sphären zu Hause sind, damit die Erdhaftung nicht verloren geht und man weiterhin in der Lage ist, hier auf der Erde zu leben und zu wirken. Natürlich ist auch die Verwurzelung wichtig. Verwurzelung mit der Erde, mit dem Sein. Du kannst leicht Erdenergie über das Erdchakra in dein System fließen lassen. Diese Energie ist wichtig, um gern hier zu sein und mit Freude und Elan leben zu können. Wenn dieses Chakra zu viel Energie hat, kann es leicht in Aggression oder Wut umschlagen, ähnlich wie beim Wurzelchakra. Hier besteht dann genauso Handlungsbedarf, wie wenn das Chakra zu wenig Energie hat und du vielleicht oft müde und antriebslos bist oder vielleicht in andere Sphären entschweben möchtest.

Die Übung:

Um dein Erdchakra zu harmonisieren, lege deine linke Hand auf die Abbildung. Als Unterstützung kannst du deine Augen schließen, deine Aufmerksamkeit auf dein Erdchakra ca. 15 Zentimeter unter deinen Füßen richten und die Farbe Rubinrot visualisieren. Um deine Absicht klar zu definieren, bitte einfach darum, dass sich dein Erdchakra jetzt harmonisiert, sich zu deinem höchsten und besten Wohle ausgleicht. Achte auf Impulse, die du vielleicht in diesem Chakra-Bereich spürst. Es genügt, deine Hand 3 bis 5 Minuten auf der Hand-Abbildung zu belassen. Verspürst du zu einem späteren Zeitpunkt den Impuls, diese Übung zu wiederholen, dann folge diesem Impuls. Denke daran, dass die Harmonisierung ausschließlich zu deinem höchsten und besten Wohle geschieht.

Vergiss nicht, dich, nachdem du deine Hand wieder von der Abbildung gelöst und somit den Kontakt beendet hast, für diese Erfahrung zu bedanken. Spüre anschließend mit geschlossenen Augen noch für einen Moment nach.

Fußchakren, Code FU909890839

Fußchakren

Information, Sinn und Zweck:

Die Fußchakren befinden sich rechts und links auf den Fußsohlen, es sind also eigentlich 2 Chakren. Sie gehören zu den Nebenchakren und öffnen sich nach unten. Ihnen ist die Farbe Dunkelrot zugeordnet. Während die Knie für die Vorwärtsbewegung stehen, stehen die Fußchakren für den Schritt in eine Sache, eine Situation hinein. Es geht in diesem Fall um etwas, das bereits besteht, und in das wir nur noch hineingehen müssen. Natürlich stehen die Füße auch für die Erdung, für den Kontakt mit unserer Erde, um mit beiden Beinen fest im Hier und Jetzt stehen zu können.

Die Fußchakren sind auch ein wichtiger Ein- und Ausgangspunkt für Energien, die aus der Erde kommen, die uns bodenständig machen und die wir dringend benötigen, um hier auf der Erde handeln zu können. Auch das Gleichgewicht wird den Fußchakren zugeschrieben. Gleichgewicht auf allen Ebenen, auch im übertragenen Sinne. Wenn diese Chakren zu viel Energie haben, kann es leicht passieren, dass man falsche Schritte geht, unnütze Erfahrungen durch Fehlentscheidungen verbuchen muss. Hier besteht dann genauso Handlungsbedarf, wie wenn diese beiden Chakren zu wenig Energie haben und du vielleicht gar keine „Schritte" in Erwägung ziehst.

Die Übung:

Um deine Fußchakren zu harmonisieren, lege deine linke Hand auf die Abbildung. Zur Unterstützung kannst du deine Augen schließen, deine Aufmerksamkeit auf beide Fußsohlen richten und diese gedanklich mit der Farbe Dunkelrot einhüllen. Um deine Absicht klar zu definieren, bitte einfach darum, dass sich deine Fußchakren jetzt harmonisieren und sich zu deinem höchsten und besten Wohle ausgleichen. Achte auf Impulse, die du vielleicht in diesen Chakra-Bereichen spürst. Es genügt, deine Hand 3 bis 5 Minuten auf der Abbildung zu belassen. Verspürst du zu einem späteren Zeitpunkt den Impuls, diese Übung zu wiederholen, dann folge diesem Impuls. Denke daran, dass die Harmonisierung ausschließlich zu deinem höchsten und besten Wohle geschieht.

Vergiss nicht, dich, nachdem du deine Hand wieder von der Abbildung gelöst und somit den Kontakt beendet hast, für diese Erfahrung zu bedanken. Spüre anschließend mit geschlossenen Augen noch für einen Moment nach.

Kniechakren, Code KN198254777

Kniechakren

Information, Sinn und Zweck: Die Kniechakren befinden sich rechts und links am Knie, es sind also eigentlich 2 Chakren. Sie gehören zu den Nebenchakren und öffnen sich nach vorn und hinten. Ihnen ist keine spezielle Farbe zugeordnet.

Die Kniechakren stehen für Motivation und letztendlich auch das Vorwärtsgehen. Hier wird zwischen dem rechten und dem linken Knie differenziert. Links symbolisiert immer den inneren Zustand, was diese Themen angeht. Also die Motivation im Inneren. Man blockiert sich vielleicht selbst, will nicht nach vorn gehen, wird von inneren Blockaden gebremst. Das rechte Knie steht für den äußeren Drang und für die Sicherheit, auch Geldthemen betreffend. Bei beiden Knien geht es um die Vorwärtsbewegung in unserem Leben. Wer will schon rückwärtsgehen oder ständig in die Vergangenheit schauen? Vorwärts lautet die Devise. Wenn diese Chakren zu viel Energie haben, kann es leicht passieren, dass man falsche Wege einschlägt. In diesem Fall besteht genauso Handlungsbedarf, wie wenn diese beiden Chakren zu wenig Energie haben und du vielleicht gar keine Vorwärtsbewegung in Erwägung ziehst.

Die Übung: Um deine Kniechakren zu harmonisieren, lege deine linke Hand auf die Abbildung. Als Unterstützung kannst du deine Augen schließen, deine Aufmerksamkeit auf beide Knie richten und dort einen Regenbogen visualisieren. Um deine Absicht klar zu definieren, bitte einfach darum, dass sich deine Kniechakren jetzt harmonisieren, sich zu deinem höchsten und besten Wohle ausgleichen. Achte auf Impulse, die du vielleicht in diesen Chakra-Bereichen spürst. Es genügt, deine Hand 3 bis 5 Minuten auf der Abbildung zu belassen. Verspürst du zu einem späteren Zeitpunkt den Impuls, diese Übung zu wiederholen, dann folge diesem Impuls. Denke daran, dass die Harmonisierung ausschließlich zu deinem höchsten und besten Wohle geschieht.

Vergiss nicht, dich, nachdem du deine Hand wieder von der Abbildung gelöst und somit den Kontakt beendet hast, für diese Erfahrung zu bedanken. Spüre anschließend mit geschlossenen Augen noch für einen Moment nach.

Wurzelchakra, Code WU989645832

Wurzelchakra

Information, Sinn und Zweck:

Das Wurzelchakra befindet sich zwischen den Beinen und öffnet sich nach unten. Es gehört zu den 7 Hauptchakren, wird daher auch 1. Chakra oder Basischakra genannt. Ihm wird die Farbe Rot zugeordnet.

Das Wurzelchakra steht für Bodenständigkeit, dafür, mit beiden Beinen fest auf dem Boden zu stehen, um in der irdischen Welt wirken zu können. Erdverbundenheit, um mit seinen Gedanken, seinem Tun hier auf der Erde zu Hause zu sein. Es symbolisiert Kraft und Stärke, damit ein kraftvolles Handeln möglich ist. Auch Durchsetzungsvermögen ist ein Aspekt des Wurzelchakras, um sich in dieser Welt behaupten zu können, natürlich mit Rücksicht und liebevoll. Auch der Lebenswille wird mit diesem Energiefeld assoziiert, der Wille, in innerem und äußerem Reichtum und Wohlstand zu leben. Wenn dieses Chakra zu viel Energie hat, kann es leicht in Aggression oder Wut umschlagen. In diesem Fall besteht genauso Handlungsbedarf, wie wenn das Chakra zu wenig Energie hat und du vielleicht oft müde und antriebslos bist.

Die Übung:

Um dein Wurzelchakra zu harmonisieren, lege deine linke Hand auf die Abbildung. Zur Unterstützung kannst du deine Augen schließen, deine Aufmerksamkeit auf dein Wurzelchakra richten und die Farbe Rot visualisieren. Um deine Absicht klar zu definieren, bitte einfach darum, dass sich dein Wurzelchakra jetzt harmonisiert, sich zu deinem höchsten und besten Wohle ausgleicht. Achte auf Impulse, die du vielleicht in diesem Chakra-Bereich spürst. Es genügt, deine Hand 3 bis 5 Minuten auf der Abbildung zu belassen. Verspürst du zu einem späteren Zeitpunkt den Impuls, diese Übung zu wiederholen, dann folge diesem Impuls. Denke daran, dass die Harmonisierung ausschließlich zu deinem höchsten und besten Wohle geschieht.

Vergiss nicht, dich, nachdem du deine Hand wieder von der Abbildung gelöst und somit den Kontakt beendet hast, für diese Erfahrung zu bedanken. Spüre anschließend mit geschlossenen Augen noch für einen Moment nach.

Sakralchakra, Code SA390381320

Sakralchakra

Information, Sinn und Zweck: Das Sakralchakra befindet sich im Unterbauchbereich und öffnet sich nach vorn und hinten. Es gehört zu den 7 Hauptchakren, wird daher auch 2. Chakra oder auch Milzchakra genannt. Ihm wird die Farbe Orange zugeordnet.

Das Sakralchakra steht für die Fortpflanzung. Die Lebensfreude ist ein wichtiges Thema für dieses Chakra. Wie oft kommt uns im alltäglichen Geschehen die Lebensfreude abhanden? Wie oft sind wir in Zeitdruck, müssen hierhin, müssen dorthin, haben dies noch zu erledigen und jenes? Wir hetzen von einem Termin zum nächsten, und ehe man sich versieht, ist schon wieder ein Tag vorbei. Haben wir das alles mit Freude getan? Wo ist unsere Lebensfreude verloren gegangen? Mit dem Sakralchakra können wir auch die Lebensfreude wieder aktivieren.

Jedes Chakra hat zwei Seiten. Auch Traumata, alte Verletzungen können in diesem Chakra festsitzen. Wenn wir die Ursachen behoben haben, können wir das Chakra gut harmonisieren und ins Gleichgewicht zurückbringen. Sind noch unbearbeitete Traumata vorhanden, rate ich dringend dazu, einen Therapeuten aufzusuchen. Wenn dieses Chakra zu viel Energie hat, kann sich das leicht in Überschwänglichkeit ausdrücken. Auch hier sollte man genauso einen Ausgleich herbeiführen, wie wenn das Chakra zu wenig Energie hat und du freudlos deinen Alltag zu meistern versuchst.

Die Übung: Um dein Sakralchakra zu harmonisieren, lege deine linke Hand auf die Abbildung. Unterstützend kannst du deine Augen schließen, deine Aufmerksamkeit auf dein Sakralchakra richten und die Farbe Orange visualisieren. Um deine Absicht klar zu definieren, bitte einfach darum, dass sich dein Sakralchakra jetzt harmonisiert, sich zu deinem höchsten und besten Wohle ausgleicht. Achte auf Impulse, die du vielleicht in diesem Chakra-Bereich spürst. Es genügt, deine Hand 3 bis 5 Minuten auf der Abbildung zu belassen. Verspürst du zu einem späteren Zeitpunkt den Impuls, diese Übung zu wiederholen, dann folge diesem Impuls. Denke daran, dass die Harmonisierung ausschließlich zu deinem höchsten und besten Wohle geschieht.

Vergiss nicht, dich, nachdem du deine Hand wieder von der Abbildung gelöst und somit den Kontakt beendet hast, für diese Erfahrung zu bedanken. Spüre anschließend mit geschlossenen Augen noch für einen Moment nach.

Solarplexuschakra, Code SO112323210

Solarplexuschakra

Information, Sinn und Zweck:

Der Solarplexus befindet sich etwa eine Handbreit über dem Bauchnabel. Das Chakra öffnet sich nach vorn und hinten. Es gehört zu den 7 Hauptchakren, wird daher auch 3. Chakra oder auch Sonnengeflecht genannt. Ihm wird die Farbe Gelb zugeordnet. Das Solarplexuschakra steht für alle Emotionen, sowohl für Ärger, Hass, Neid, Ängste als auch für Freude, die Empfindung des Sonnenlichts und Wärme. Der Solarplexus steht auch für die Verdauung mit all ihren Organen, aber auch für das feinstoffliche Verdauen der Informationsaufnahme, der Verarbeitung und des Loslassens. Auch die Partnerschaft ist Thema dieses Chakras, wobei nicht nur die Ehe gemeint ist, sondern alle Beziehungen zu Menschen, Dingen oder Situationen. Wissen und Weisheit, Lehren und Lernen gehören ebenfalls in diesen Bereich der Energiefelder. Wenn du deine Emotionen z. B. mehr im Griff haben oder vielleicht besseren Zugang zu deinem Wissen und deiner Weisheit haben möchtest, solltest du dein Solarplexuschakra harmonisieren. Wenn dieses Chakra zu viel Energie hat, macht sich das schnell in Überschwänglichkeit bemerkbar und man schießt über das Ziel hinaus. Auch hier sollte man genauso einen Ausgleich herbeiführen, wie wenn das Chakra zu wenig Energie hat.

Die Übung:

Um deinen Solarplexus zu harmonisieren, lege deine linke Hand auf die Abbildung. Unterstützend kannst du deine Augen schließen, deine Aufmerksamkeit auf dein Solarplexuschakra richten und die Farbe Gelb visualisieren. Um deine Absicht klar zu definieren, bitte einfach darum, dass sich dein Solarplexuschakra jetzt harmonisiert, sich zu deinem höchsten und besten Wohle ausgleicht. Achte auf Impulse, die du vielleicht in diesem Chakra-Bereich spürst. Es genügt, deine Hand 3 bis 5 Minuten auf der Abbildung zu belassen. Verspürst du zu einem späteren Zeitpunkt den Impuls, diese Übung zu wiederholen, dann folge diesem Impuls. Denke daran, dass die Harmonisierung ausschließlich zu deinem höchsten und besten Wohle geschieht. Vergiss nicht, dich, nachdem du deine Hand wieder von der Buchseite gelöst und somit den Kontakt beendet hast, für diese Erfahrung zu bedanken. Spüre anschließend mit geschlossenen Augen noch für einen Moment nach.

Ellbogenchakren, Code EL100000028

Ellbogenchakren

Information, Sinn und Zweck:

Die Ellbogenchakren befinden sich rechts und links am Ellbogen und öffnen sich nach vorne. Diese Chakren gehören zu den Nebenchakren, eine Farbe ist hier nicht zugeordnet. Die Ellbogenchakren dienen dazu, Raum zu schaffen. Wir kennen es, wenn wir mit Ellbogen kämpfen und uns irgendwie einen Weg bahnen. Meist ist bei dieser Art des Einsatzes von Ellbogen Schaden für andere Menschen vorprogrammiert, denn es wird eher rücksichtslos vorgegangen. Sind die Ellbogenchakren harmonisch, kann es zu keinem Schaden bei anderen kommen, da wir bei all unserem Tun das Wohl der anderen ebenfalls im Blick haben können. Das linke Ellbogenchakra steht dafür, Motivation zu empfangen, während das rechte Ellbogenchakra dafür steht, Motivation zu schenken. Nutzen wir beide gleichermaßen, wirkt es von allein ausgleichend, denn Nehmen und Geben sind eins. Wenn diese Chakren zu viel Energie haben, kann es leicht passieren, dass man sich rücksichtslos einen Weg bahnt, der nur für einen selbst gut scheint. in diesem Fall besteht genauso Handlungsbedarf, wie wenn diese beiden Chakren zu wenig Energie haben und du vielleicht gar keinen Raum für dich selbst und deine Vorhaben schaffen kannst.

Die Übung:

Um deine Ellbogenchakren zu harmonisieren, lege deine linke Hand auf die Abbildung. Unterstützend kannst du deine Augen schließen, deine Aufmerksamkeit auf beide Ellbogen richten und dort einen Regenbogen visualisieren. Um deine Absicht klar zu definieren, bitte einfach darum, dass sich deine Ellbogenchakren jetzt harmonisieren, sich zu deinem höchsten und besten Wohle ausgleichen. Achte auf Impulse, die du vielleicht in diesen Chakra-Bereichen spürst. Es genügt, deine Hand 3 bis 5 Minuten auf der Abbildung zu belassen. Verspürst du zu einem späteren Zeitpunkt den Impuls, diese Übung zu wiederholen, dann folge diesem Impuls.

Denke daran, dass die Harmonisierung ausschließlich zu deinem höchsten und besten Wohle geschieht.

Vergiss nicht, dich, nachdem du deine Hand wieder von der Buchseite gelöst und somit den Kontakt beendet hast, für diese Erfahrung zu bedanken. Spüre anschließend mit geschlossenen Augen noch für einen Moment nach.

Handchakren, Code HA100300020

Handchakren

Information, Sinn und Zweck: Die Handchakren befinden sich in den Handflächen und öffnen sich nach vorne. Diese beiden Chakren gehören zu den Nebenchakren und die Farbe hierzu ist veränderlich. Die Handchakren werden in unserer heutigen Zeit immer wichtiger. Die Menschen fühlen immer mehr, nehmen mithilfe verschiedener Methoden Energien wahr und geben diese auch weiter. All diese Energien fließen oft durch die Handchakren. Daher ist es sehr wichtig, sich dieser Chakren bewusst zu werden und sie zu harmonisieren. Das rechte Handchakra steht für das Geben, das linke für das Nehmen. Sie dienen als Ein- und Ausgang von Schwingungen. Wenn du ein wenig geschult bist bzw. deine Handchakren integriert und harmonisiert sind, ist es ein Leichtes, zum Beispiel durch bloßes Anfassen eines geschlossenen Buches in einer Buchhandlung Impulse zu bekommen, die dir sagen, ob das Buch für dich förderlich ist oder nicht. Versuche es einmal. Das funktioniert auch wunderbar mit Heilsteinen. Man führt die linke Hand mit ein wenig Abstand, ohne die Steine zu berühren, über verschiedene Edelsteine und kann ohne Weiteres erspüren, welche Steine die richtigen für einen sind. Vertraue dem ersten Impuls. Wenn diese Chakren zu viel Energie haben, kann es leicht passieren, dass man zu viel spürt, zu sensibel wird. Das kann lästig sein. In diesem Fall besteht genauso Handlungsbedarf, wie wenn diese beiden Chakren zu wenig Energie haben und du vielleicht gar keine Energien aufnehmen und geben kannst.

Die Übung: Um deine Handchakren zu harmonisieren, lege deine linke Hand auf die Abbildung. Unterstützend kannst du deine Augen schließen, deine Aufmerksamkeit auf beide Handinnenflächen richten und dort einen Regenbogen visualisieren. Um deine Absicht klar zu definieren, bitte einfach darum, dass sich deine Handchakren jetzt harmonisieren, sich zu deinem höchsten und besten Wohle ausgleichen. Achte auf Impulse, die du vielleicht in diesen Chakra-Bereichen spürst. Es genügt, deine Hand 3 bis 5 Minuten auf der Abbildung zu belassen. Verspürst du zu einem späteren Zeitpunkt den Impuls, diese Übung zu wiederholen, dann folge diesem Impuls.

Denke daran, dass die Harmonisierung ausschließlich zu deinem höchsten und besten Wohle geschieht.

Vergiss nicht, dich, nachdem du deine Hand wieder von der Buchseite gelöst und somit den Kontakt beendet hast, für diese Erfahrung zu bedanken. Spüre anschließend mit geschlossenen Augen noch für einen Moment nach.

Herzchakra, Code HE444101901

Herzchakra

Information, Sinn und Zweck:

Das Herzchakra liegt auf Herzhöhe in der Mitte des Brustkorbes. Das Chakra öffnet sich nach vorn und hinten. Es gehört zu den 7 Hauptchakren, wird daher auch 4. Chakra genannt. Ihm wird die Farbe Grün (raumgebend) und Rosa (Liebe) zugeordnet.

Das Herzchakra ist in unserer heutigen Zeit eines der wichtigsten Chakren. Mittlerweile haben viele Menschen erkannt, dass die Fähigkeit, Liebe zu geben und annehmen zu können, ein sehr hohes Gut ist. Das Herzchakra steht also für die Liebe und für die Selbstliebe, dafür, sich selbst anzunehmen, so wie man ist, mit all den Unebenheiten, die uns nun mal ausmachen. Gefühle werden im Herzchakra deutlich. Es steht aber auch für die Atmung, für den Freiraum, für die Weite und auch für den Neubeginn. Oft ist dieses Energiefeld in der Vergangenheit verletzt worden, vielleicht in vergangenen Partnerschaften oder bereits im Elternhaus. Wenn du spürst, dass du hier große Probleme aus der Vergangenheit hast, möchte ich dir empfehlen, einen Therapeuten deines Vertrauens aufzusuchen, der dich bei der Arbeit mit deinem Herzchakra begleitet. Wenn dieses Chakra zu viel Energie hat, kann es sein, dass man zu leichtgläubig wird oder dazu neigt, sich ausnutzen zu lassen. Hier sollte man genauso einen Ausgleich herbeiführen, wie wenn das Chakra zu wenig Energie hat und man allem misstrauisch gegenübersteht.

Die Übung:

Um dein Herzchakra zu harmonisieren, lege deine linke Hand auf die Abbildung. Unterstützend kannst du deine Augen schließen, deine Aufmerksamkeit auf dein Herzchakra richten und die Farben Grün oder Rosa (vielleicht sogar im Wechsel) visualisieren. Um deine Absicht klar zu definieren, bitte einfach darum, dass sich dein Herzchakra jetzt harmonisiert, sich zu deinem höchsten und besten Wohle ausgleicht. Achte auf Impulse, die du vielleicht in diesem Chakra-Bereich spürst. Es genügt, deine Hand 3 bis 5 Minuten auf der Abbildung zu belassen. Verspürst du zu einem späteren Zeitpunkt den Impuls, diese Übung zu wiederholen, dann folge diesem Impuls. Denke daran, dass die Harmonisierung ausschließlich zu deinem höchsten und besten Wohle geschieht.

Vergiss nicht, dich, nachdem du deine Hand wieder von der Buchseite gelöst und somit den Kontakt beendet hast, für diese Erfahrung zu bedanken. Spüre anschließend mit geschlossenen Augen noch für einen Moment nach.

Thymuschakra, Code TH171777421

Thymuschakra

Information, Sinn und Zweck: Das Thymuschakra befindet sich zwei Fingerbreit über dem physischen Herzens. Das Chakra öffnet sich nach vorn und hinten. Es gehört zu den Nebenchakren. Ihm wird die Farbe Türkis zugeordnet.

Das Thymuschakra in erst seit wenigen Jahren in das Bewusstsein der Menschen gelangt. Das Thymuschakra verbindet das Herz- und das Halschakra und ist damit für die Kommunikation des Herzens zuständig. Im alten Atlantis war das Thymuschakra bei den Menschen weit geöffnet, man kommunizierte von Einem zu Vielen. Diese Fähigkeit wurde dann aber missbraucht, was letztendlich zum Untergang dieser damaligen Zivilisation geführt hatte. Das Thymuschakra ist wichtig, wenn man nicht nur mit dem Kopf die gesprochenen Worte kreieren will, sondern auch das Herz einfließen lassen möchte. In unserer Zeit ist zwar ein klarer Kopf wichtig, allerdings wird auf Dauer auch die Herzensenergie benötigt. Dieses Chakra vermag beides wunderbar zu verbinden. Wenn dieses Chakra zu viel Energie hat, kann es sein, dass man nur noch „Herz" und somit leicht zu manipulieren ist. Hier sollte man genauso einen Ausgleich herbeiführen, wie wenn das Chakra zu wenig Energie hat.

Die Übung: Um dein Thymuschakra zu harmonisieren, lege deine linke Hand auf die Abbildung. Unterstützend kannst du deine Augen schließen, deine Aufmerksamkeit auf dein Thymuschakra richten und die Farbe Türkis visualisieren. Um deine Absicht klar zu definieren, bitte einfach darum, dass sich dein Thymuschakra jetzt harmonisiert, sich zu deinem höchsten und besten Wohle ausgleicht. Achte auf Impulse, die du vielleicht in diesem Chakra-Bereich spürst. Es genügt, deine Hand 3 bis 5 Minuten auf der Abbildung zu belassen. Verspürst du zu einem späteren Zeitpunkt den Impuls, diese Übung zu wiederholen, dann folge diesem Impuls. Denke daran, dass die Harmonisierung ausschließlich zu deinem höchsten und besten Wohle geschieht.

Vergiss nicht, dich, nachdem du deine Hand wieder von der Buchseite gelöst und somit den Kontakt beendet hast, für diese Erfahrung zu bedanken. Spüre anschließend mit geschlossenen Augen noch für einen Moment nach.

Halschakra, Code HA655923780

Halschakra

Information, Sinn und Zweck:

Das Halschakra befindet sich direkt am Hals. Es gehört zu den sieben Hauptchakren und öffnet sich nach vorn und hinten. Es wird auch das 5. Chakra oder Kehlkopfchakra genannt. Ihm wird die Farbe Hellblau zugeordnet.

Das Halschakra steht für den Ausdruck. Den Ausdruck von gesprochenen Worten, zur richtigen Zeit, am richtigen Ort und zu den richtigen Menschen. Viele Menschen haben Probleme mit dem „Sich-Ausdrücken". Manchmal liegt es daran, dass man so erzogen wurde, dass man dies oder jenes nicht zu sagen habe, im Wartezimmer beim Arzt leise sein müsse oder älteren Menschen nicht widerspreche, weil diese ja immer recht hätten. All das sind Glaubenssätze, die sich im Halschakra wiederfinden. Eine solche Energie kann uns Menschen viele Jahre hemmen, das Richtige auszusprechen. Das Halschakra ist nicht nur für den Ausdruck in Form von Worten zuständig, sondern für den Ausdruck allgemein, sei es über ein gemaltes Bild, über Gesang oder vielleicht über das Schreiben. Im Halschakra ist auch das Bedürfnis oder vielmehr die Sehnsucht nach Ruhe und Frieden verankert.

Die Übung:

Um dein Halschakra zu harmonisieren, lege deine linke Hand auf die Abbildung. Unterstützend kannst du deine Augen schließen, deine Aufmerksamkeit auf dein Halschakra richten und die Farbe Hellblau visualisieren. Um deine Absicht klar zu definieren, bitte einfach darum, dass sich dein Halschakra jetzt harmonisiert, sich zu deinem höchsten und besten Wohle ausgleicht. Achte auf Impulse, die du vielleicht in diesem Chakra-Bereich spürst. Es genügt, deine Hand 3 bis 5 Minuten auf der Abbildung zu belassen. Verspürst du zu einem späteren Zeitpunkt den Impuls, diese Übung zu wiederholen, dann folge diesem Impuls. Denke daran, dass die Harmonisierung ausschließlich zu deinem höchsten und besten Wohle geschieht.

Vergiss nicht, dich, nachdem du deine Hand wieder von der Buchseite gelöst und somit den Kontakt beendet hast, für diese Erfahrung zu bedanken. Spüre anschließend mit geschlossenen Augen noch für einen Moment nach.

Meisterchakra, Code ME120100310

Meisterchakra

Information, Sinn und Zweck:

Das Meisterchakra ist eines der Chakren der neuen Zeit. Es befindet sich an der Nasenwurzel. Eine einzelne Farbe ist diesem Chakra nicht zugeordnet. Es steht für den Sitz der veranlagten Hellsichtigkeit und ist in der jetzigen Zeit sehr wichtig geworden.

Da das Meisterchakra immer mehr in das Bewusstsein von spirituell veranlagten Menschen tritt, werden immer mehr hellsichtig, hellfühlend oder hellhörend. Wenn du mit der geistigen Welt klarer und besser kommunizieren möchtest, solltest du dir dieses wichtige Chakra bewusst machen. Es ist wichtig, dieses Energiezentrum zu harmonisieren, damit du ein echtes Gefühl für dieses Chakra bekommst. Es unterstützt tatsächlich deine von Geburt an veranlagte Hellsichtigkeit.

Die Übung:

Um dein Meisterchakra zu harmonisieren, lege deine linke Hand auf die Abbildung. Unterstützend kannst du deine Augen schließen, deine Aufmerksamkeit auf dein Meisterchakra richten und zusätzlich einen Regenbogen visualisieren. Um deine Absicht klar zu definieren, bitte einfach darum, dass sich dein Meisterchakra jetzt harmonisiert, sich zu deinem höchsten und besten Wohle ausgleicht. Achte auf Impulse, die du vielleicht in diesem Chakra-Bereich spürst. Es genügt, deine Hand 3 bis 5 Minuten auf der Abbildung zu belassen. Verspürst du zu einem späteren Zeitpunkt den Impuls, diese Übung zu wiederholen, dann folge diesem Impuls. Denke daran, dass die Harmonisierung ausschließlich zu deinem höchsten und besten Wohle geschieht.

Vergiss nicht, dich, nachdem du deine Hand wieder von der Buchseite gelöst und somit den Kontakt beendet hast, für diese Erfahrung zu bedanken. Spüre anschließend mit geschlossenen Augen noch für einen Moment nach.

Stirnchakra, Code ST737777190

Stirnchakra

Information, Sinn und Zweck:

Das Stirnchakra befindet sich direkt auf der Stirn. Es gehört zu den sieben Hauptchakren und öffnet sich nach vorn und hinten. Es wird auch das 6. Chakra oder das Dritte Auge genannt. Ihm wird die Farbe Königsblau zugeordnet.

Das Stirnchakra steht für Ruhe und Frieden, genauso wie das Halschakra. Außerdem steht es für Geborgenheit und die Wahrnehmung. Es ist wichtig, um deine Wahrnehmung noch weiter auszudehnen, Dinge wahrzunehmen, die andere Menschen vielleicht nicht einmal bemerken. Es steht natürlich auch für den übergeordneten Blick. Um ein Beispiel zu nennen: Du befindest dich vielleicht in einer festgefahrenen Situation, vielleicht im Beruf, vielleicht in der Ehe. Du siehst eigentlich zurzeit keinen Ausweg und fühlst dich unwohl. Nun trete einfach einen oder mehrere Schritte zurück und schaue dir das Szenario aus einem gewissen geistigen Abstand an. Schalte deine übergeordnete Wahrnehmung ein. In der Regel wird der Grund deines Unwohlseins oder Unbehagens in dieser Situation klein, unscheinbar und nichtig auf dich wirken. Nicht selten werden gleich Lösungsvorschläge mitgeliefert. Versuche es einmal, wenn du dich in einer solchen Situation festgefahren siehst.

Die Übung:

Um dein Stirnchakra zu harmonisieren, lege deine linke Hand auf die Abbildung. Unterstützend kannst du deine Augen schließen, deine Aufmerksamkeit auf dein Stirnchakra richten und die Farbe Königsblau visualisieren. Um deine Absicht klar zu definieren, bitte einfach darum, dass sich dein Stirnchakra jetzt harmonisiert, sich zu deinem höchsten und besten Wohle ausgleicht. Achte auf Impulse, die du vielleicht in diesem Chakra-Bereich spürst. Es genügt, deine Hand 3 bis 5 Minuten auf der Abbildung zu belassen. Verspürst du zu einem späteren Zeitpunkt den Impuls, diese Übung zu wiederholen, dann folge diesem Impuls. Denke daran, dass die Harmonisierung ausschließlich zu deinem höchsten und besten Wohle geschieht.

Vergiss nicht, dich, nachdem du deine Hand wieder von der Buchseite gelöst und somit den Kontakt beendet hast, für diese Erfahrung zu bedanken. Spüre anschließend mit geschlossenen Augen noch für einen Moment nach.

Kausalchakra, Code KA070110211

Kausalchakra

Information, Sinn und Zweck: Das Kausalchakra befindet sich am Hinterkopf auf der Höhe der Schädelbasis. Es gehört zu den sogenannten Nebenchakren und öffnet sich nach hinten. Eine spezielle Farbe ist diesem Chakra nicht zugeordnet.

Das Kausalchakra braucht man, um zu channeln, d. h. mit der geistigen Welt ganz bewusst in Kontakt zu treten und sich als „Kanal" zur Verfügung zu stellen. Wird dieses Chakra durch das reine Bewusstsein gestärkt und harmonisiert, werden Channelings klarer, und der Kontakt in die geistige Welt wird schneller möglich. Bei vielen Menschen in der heutigen Zeit ist dieses Chakra sehr aktiv. Dieses Chakra ist auch besonders wichtig, wenn Wünsche manifestiert und sichtbar in die Welt gebracht werden sollen. Du merkst schon, es ist ein sehr interessantes und äußerst wichtiges Chakra, bei dem ich nur empfehlen kann, es von Zeit zu Zeit mit der nachstehenden Übung zu klären und zu harmonisieren.

Die Übung: Um dein Kausalchakra zu harmonisieren, lege deine linke Hand auf die Abbildung. Unterstützend kannst du deine Augen schließen, deine Aufmerksamkeit auf dein Kausalchakra richten und einen Regenbogen visualisieren. Um deine Absicht klar zu definieren, bitte einfach darum, dass sich dein Kausalchakra jetzt harmonisiert, sich zu deinem höchsten und besten Wohle ausgleicht. Achte auf Impulse, die du vielleicht in diesem Chakra-Bereich spürst. Es genügt, deine Hand 3 bis 5 Minuten auf der Abbildung zu belassen. Verspürst du zu einem späteren Zeitpunkt den Impuls, diese Übung zu wiederholen, dann folge diesem Impuls. Denke daran, dass die Harmonisierung ausschließlich zu deinem höchsten und besten Wohle geschieht.

Vergiss nicht, dich, nachdem du deine Hand wieder von der Buchseite gelöst und somit den Kontakt beendet hast, für diese Erfahrung zu bedanken. Spüre anschließend mit geschlossenen Augen noch für einen Moment nach.

Scheitelchakra, Code SC999329991

Scheitelchakra

Information, Sinn und Zweck: Das Scheitelchakra befindet sich direkt auf dem höchsten Punkt des Kopfes. Es gehört zu den sieben Hauptchakren und öffnet sich nach oben. Es wird auch als 7. Chakra oder Kronenchakra bezeichnet, dem die Farbe Violett zugeordnet wird.

Das Scheitelchakra steht für Verbundenheit mit der göttlichen Quelle. Es ist ein wichtiges Chakra für spirituelle Menschen. Ist das Scheitelchakra zu ausgeprägt und aktiv, so kann es passieren, dass man unter Umständen die Bodenhaftung verliert und kaum noch in der Lage ist, auf der Erde zurechtzukommen. Wenn das Scheitelchakra allerdings völlig irritiert ist oder nur wenig arbeitet, ist es durchaus möglich, dass man alles ablehnen möchte, wofür es keine Beweise gibt und was man nicht mit den Händen anfassen kann. Beide Situationen sind nicht erstrebenswert, daher ist es sehr wichtig, auch das Scheitelchakra auszugleichen bzw. zu harmonisieren. Das geht wunderbar mit der folgenden Übung der „Touch the Spirit"-Methode.

Die Übung: Um dein Scheitelchakra zu harmonisieren, lege deine linke Hand auf die Abbildung. Unterstützend kannst du deine Augen schließen, deine Aufmerksamkeit auf dein Scheitelchakra richten und die Farbe Violett visualisieren. Um deine Absicht klar zu definieren, bitte einfach darum, dass sich dein Scheitelchakra jetzt harmonisiert, sich zu deinem höchsten und besten Wohle ausgleicht. Achte auf Impulse, die du vielleicht in diesem Chakra-Bereich spürst. Es genügt, deine Hand 3 bis 5 Minuten auf der Abbildung zu belassen. Verspürst du zu einem späteren Zeitpunkt den Impuls, diese Übung zu wiederholen, dann folge diesem Impuls. Denke daran, dass die Harmonisierung ausschließlich zu deinem höchsten und besten Wohle geschieht.

Vergiss nicht, dich, nachdem du deine Hand wieder von der Buchseite gelöst und somit den Kontakt beendet hast, für diese Erfahrung zu bedanken. Spüre anschließend mit geschlossenen Augen noch für einen Moment nach.

Seelensternchakra, Code SE900000001

Seelensternchakra

Information, Sinn und Zweck

Der Seelenstern befindet sich etwa 15 Zentimeter über dem Kopf, ist also ein Chakra, das nicht direkt am Körper ist. Es gehört zu den Nebenchakren und zu den Chakren der neuen Zeit. Dieses Energiezentrum öffnet sich nach oben. Als Farben werden hier Silber oder Ultraviolett zugeordnet.

Der Seelenstern stellt die Verbindung zur Seele dar und zeigt uns die Seelenaufgabe. Viele spirituell arbeitende Menschen wünschen sich sehnlichst, ihre Seelenaufgabe zu kennen. Wenn wir dieses außerkörperliche Chakra in unser Bewusstsein integrieren, also uns dessen bewusst sind, es dadurch mit Energie versorgen und es harmonisieren, ist es durchaus möglich, unsere Seelenaufgabe bzw. unsere Lebensaufgabe zu erfahren. Doch erwarte nun nicht sofort, dass dir jemand deine Lebensaufgabe leise ins Ohr flüstert, wenn du deine Hand auf die Abbildung legst. Lasse der Energie Zeit, und gönne vor allem auch dir Zeit, um deine Wahrnehmung noch klarer und deutlicher werden zu lassen.

Die Übung:

Um dein Seelensternchakra zu harmonisieren, lege deine linke Hand auf die Abbildung. Unterstützend kannst du deine Augen schließen, deine Aufmerksamkeit auf deinen Seelenstern richten und die Farben Silber oder Ultraviolett visualisieren. Oder stelle dir einen Strahl aus ultraviolettem Licht vor, der von silbernem Licht ummantelt ist. Um deine Absicht klar du definieren, bitte einfach darum, dass sich dein Seelenstern jetzt harmonisiert, sich zu deinem höchsten und besten Wohle ausgleicht. Achte auf Impulse, die du vielleicht in diesem Chakra- oder Oberkopf-Bereich spürst. Es genügt, deine Hand 3 bis 5 Minuten auf der Abbildung zu belassen. Verspürst du zu einem späteren Zeitpunkt den Impuls, diese Übung zu wiederholen, dann folge diesem Impuls. Denke daran, dass die Harmonisierung ausschließlich zu deinem höchsten und besten Wohle geschieht.

Vergiss nicht, dich, nachdem du deine Hand wieder von der Buchseite gelöst und somit den Kontakt beendet hast, für diese Erfahrung zu bedanken. Spüre anschließend mit geschlossenen Augen noch für einen Moment nach.

Situationsbezogene „Touch the Spirit"-Übungen

Nun kommen wir zum letzten Kapitel. Hier geht es um Situationen, Begebenheiten, Eigenschaften, die dich vielleicht bedrücken oder die du dir bewusster machen möchtest. Bei den nun folgenden Übungen wirst du ganz gezielt mit dem jeweiligen Thema verbunden, während gleichzeitig Verbindungen zu Engelwesen oder Meistern hergestellt werden, die dich bei dem jeweiligen Thema unterstützen. Um dir die Funktion und Vorgehensweise der nächsten „Touch the Spirit"-Übungen klarer zu machen, erläutere ich dies kurz anhand einiger Beispiele.

So wird beim Thema „Schutz" ein Schutz für und um dich aufgebaut. Ein Schutz, der nicht wie eine Mauer undurchlässig ist, sondern eher wie eine Membran aufgebaut ist, die dir ermöglicht, noch wahrzunehmen und wahrgenommen zu werden. Als helfendes Lichtwesen wird hier gleichzeitig Erzengel Michael mit angerufen.

Beim Thema „Reinigung" findet eine energetische Reinigung statt. Natürlich findet die Reinigung deines Systems nur so statt, wie du es momentan benötigst und wie es dir zum höchsten und besten Wohle dient. Als helfende Wesenheiten werden hier die Seraphim und Elfen hinzugebeten.

Wenn du das Thema „Lebensfreude" ausgewählt hast und du deine Hand auf die entsprechende Abbildung legst, wird in dein System die Farbe Orange fließen. Orange steht für die pure Lebensfreude. Es werden Wesenheiten hinzugebeten, die in der Lage sind, dir die Lebensfreude wieder näherzubringen. Hier ist es so, dass die geistigen Helfer selbst entscheiden, wer dir helfen kann und möchte.

Du siehst an diesen Beispielen, wie vielseitig diese Methode ist. Ich möchte hier an dieser Stelle noch einmal betonen, dass alles nur zu deinem höchsten und besten Wohle geschieht. Es ist absolut unmöglich, dass sich hier Geistwesen mit einmischen können, die nicht zu deinem Wohle tätig werden. Dieses gesamte System steht unter einem besonderen Schutz. Diese Methode ist nicht in der Lage zu manipulieren, denn deine Seele gibt entweder ihr Einverständnis für bestimmte Dinge oder eben nicht. Gibt deine Seele ihr Einverständnis aus irgendwelchen Gründen nicht, so wird auch überhaupt nichts geschehen. Auch das wieder zu deinem höchsten und besten Wohle.

Es sei noch erwähnt, dass dieses System dir vieles bewusst machen und dich mit Klarheit beschenken wird. Allerdings nimmt es dir in keiner Weise Veränderungen ab, die du selbst herbeiführen solltest. Es ist ein wenig zu vergleichen mit einer Landkarte oder einem Navigationsgerät: Der Weg wird dir gezeigt, doch gehen musst du ihn selbst.

Durchsetzungsvermögen, Code DU739020199

Durchsetzungsvermögen

Information, Sinn und Zweck: Wie oft müssen wir uns am Tag durchsetzen? Können wir das? Werden wir ernst genommen? Oder nimmt man uns gar nicht wahr? All das sind Fragen, die wir uns stellen können, wenn wir uns von Zeit zu Zeit einmal behaupten müssen, unseren Standpunkt vertreten, ja vielleicht sogar mal gegen den Strom schwimmen müssen. Manchmal fehlt es uns an Kraft, manchmal fallen uns die richtigen Argumente nicht ein und manchmal haben wir einfach keine Lust, unseren Standpunkt zu vertreten. Das Leben verlangt ab und an von uns, dass wir uns durchsetzen. Wir brauchen es auch für unser Selbstwertgefühl, dass wir uns in der Lage fühlen, uns durchzusetzen. Natürlich will man ja nicht einfach aus Jux und Dollerei versuchen, seine Ansichten durchzusetzen. Es steht eine Absicht, ein Ziel dahinter.

Genau diese „Touch the Spirit"-Übung macht dir bewusst, wie du dich im Alltag durchsetzen kannst, wie du dich verbal äußern kannst, um verstanden zu werden. Bitte bedenke immer, dass dies alles immer zum höchsten und besten Wohle aller Beteiligten erfolgt.

Unterstützende Energien: Erzengel Michael für die Kraft, Seraphim für Klarheit und Neues, Elfen für die Leichtigkeit und Freude und alle Wesenheiten, die unterstützen können.

Farben: Orange für die Freude, Blautöne für den Ausdruck, Türkis für die Kommunikation des Herzens.

Die Übung: Um dein Durchsetzungsvermögen zu stärken, lege deine linke Hand auf die Abbildung. Unterstützend kannst du deine Augen schließen und spüren, wie Energien durch deinen Körper fließen. Um deine Absicht klar zu definieren, bitte einfach darum, dass sich dein Durchsetzungsvermögen jetzt aufbaut und stärkt. Es genügt, deine Hand 3 bis 5 Minuten auf der Abbildung zu belassen. Verspürst du zu einem späteren Zeitpunkt den Impuls, diese Übung zu wiederholen, dann folge diesem Impuls. Denke daran, dass die Harmonisierung ausschließlich zu deinem höchsten und besten Wohle geschieht.

Vergiss nicht, dich, nachdem du deine Hand wieder von der Buchseite gelöst und den Kontakt beendet hast, für diese Erfahrung und bei den helfenden Energien zu bedanken. Spüre anschließend mit geschlossenen Augen noch für einen Moment nach.

Geduld, Code GE700143900

Geduld

Information, Sinn und Zweck:

Sicherlich hast du auch schon einmal Probleme damit gehabt, dich in Geduld zu üben. Wer hat kein Thema damit? Oft gehen uns Dinge nicht schnell genug, es fehlt uns an Geduld und alles dauert länger als erwartet. Auch ich war früher extrem ungeduldig, bis ich eine Sache wirklich verinnerlicht hatte. Daher habe ich hier einen wertvollen Tipp, der vielleicht auch dir weiterhilft:

Es gibt drei Bereiche, wenn wir das mal etwas bildlich darstellen möchten. Der erste Bereich betrifft die Dinge des anderen. Die gehen uns nichts an, die sollten wir einfach lassen, wie sie sind. Natürlich können wir einen anderen Menschen auf sein vielleicht merkwürdiges Verhalten hinweisen, doch verändern kann es nur er selbst. Der zweite Bereich ist das Göttliche. Das ist ein Bereich, wie zum Beispiel das Wetter oder die Natur und ihre jeweiligen Gesetze. Auch hier können wir wirklich nichts weiter ändern als unsere Einstellung. Schon wird es einfacher mit der Geduld. Der dritte Bereich sind unsere eigenen Angelegenheiten. Diese können wir natürlich beeinflussen und in eine gewünschte Richtung lenken. Doch selbst in diesem dritten Bereich benötigen wir oft Geduld, denn manche Sachen brauchen einfach ihre Zeit. Die Ungeduld macht es uns zunehmend schwerer, also sollten wir es einfach lassen und akzeptieren.

Unterstützende Energien:

Einige Engel wirken hier, die es dir leicht machen, geduldiger zu sein, Elfen und Feen für die spielerische Leichtigkeit und Freude und alle Wesenheiten, die unterstützen können.

Farben: Orange für die Freude, Blautöne für die Ruhe im Innen und Außen, Gelb für die Akzeptanz und das Erkennen von unnötigen Emotionen.

Die Übung:

Um deine Geduld zu stärken und zu schulen, lege deine linke Hand auf die Abbildung. Unterstützend kannst du deine Augen schließen und spüren, wie Energien durch deinen Körper fließen. Um deine Absicht klar zu definieren, bitte einfach darum, dass sich deine Geduld jetzt aufbaut und stärkt. Es genügt, deine Hand 3 bis 5 Minuten auf der Abbildung zu belassen. Verspürst du zu einem späteren Zeitpunkt den Impuls, diese Übung zu wiederholen, dann folge diesem Impuls. Denke daran, dass die Harmonisierung ausschließlich zu deinem höchsten und besten Wohle geschieht.

Vergiss nicht, dich, nachdem du deine Hand wieder von der Buchseite gelöst und den Kontakt beendet hast, für diese Erfahrung und bei den helfenden Energien zu bedanken. Spüre anschließend mit geschlossenen Augen noch für einen Moment nach.

Entspannung, Code EN333343000

Entspannung

Information, Sinn und Zweck:

Die Ent-Spannung findet in unserem Alltag kaum statt. Wir stehen sozusagen von morgens bis abends unter Strom. Kaum bleiben uns Momente zum Durchatmen, zum Ausruhen oder einfach mal fürs Nichtstun. Uns wird in der heutigen Zeit sehr viel abverlangt. Es geht bereits im Kindesalter los. Wir stehen unter Druck, unser Pensum zu schaffen, streben nach Lob und Anerkennung durch überdurchschnittliche Leistungen. Die Anspannung steigt und unser körperliches System schreit nach Ent-Spannung.

Unterstützende Energien:

Einige Engel wirken hier, die es dir leicht machen, entspannter zu sein. Elfen und Feen für die spielerische Leichtigkeit und Freude und Energien aller Wesenheiten, die unterstützen können, fließen bei der „Touch the Spirit"-Übung mit ein.

Farben: Orange für die Freude, Blautöne für die Ruhe im Innen und im Außen, Grün für die Weite und den Freiraum und Violett, um Entspannung und Spannung im Gleichgewicht halten zu können.

Die Übung:

Um Entspannung mehr und mehr zu spüren, lege deine linke Hand auf die Abbildung. Unterstützend kannst du deine Augen schließen und spüren, wie ruhige, entspannende Energien durch deinen Körper fließen. Um deine Absicht klar zu definieren, bitte einfach darum, dass sich Entspannung jetzt immer mehr ausdehnt. Es genügt, deine Hand 3 bis 5 Minuten auf der Abbildung zu belassen. Verspürst du zu einem späteren Zeitpunkt den Impuls, diese Übung zu wiederholen, dann folge diesem Impuls. Denke daran, dass die Harmonisierung ausschließlich zu deinem höchsten und besten Wohle geschieht. Vergiss nicht, dich, nachdem du deine Hand wieder von der Buchseite gelöst und den Kontakt beendet hast, für diese Erfahrung und bei den helfenden Energien zu bedanken. Spüre anschließend mit geschlossenen Augen noch für einen Moment nach.

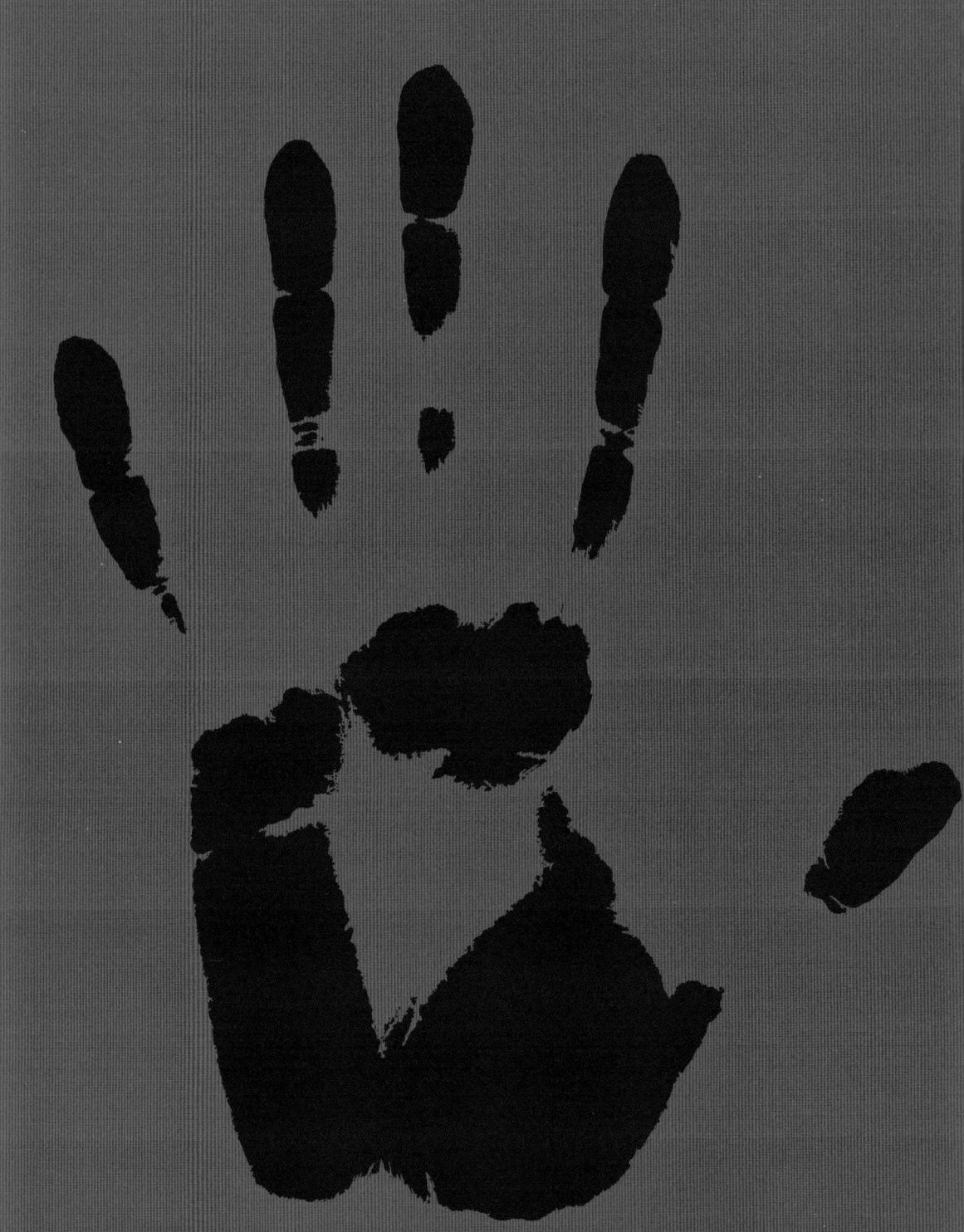

Erdung, Code ER900709847

Erdung

Information, Sinn und Zweck:

Erdung ist enorm wichtig, gerade für die vielen Menschen, die gern spirituell arbeiten. Wenn wir mit unserer Aufmerksamkeit sehr viel in den oberen Chakren präsent sind, kann es passieren, dass wir die Bodenhaftung, die Erdung, vernachlässigen oder verlieren. Wenn wir nicht geerdet sind, sind wir hier auf dieser energetisch sehr dichten Erde mit all ihren Herausforderungen kaum noch lebensfähig.

Es ist wichtig, dass wir spirituell arbeiten, aber es ist ebenso wichtig, eine gute Erdung herbeizuführen, um im Hier und Jetzt auf unserem Planeten tätig sein zu können und sinnvoll zu wirken. Es ist erstrebenswert, ein Gleichgewicht zwischen einer guten Verbindung zu anderen Sphären und einer soliden Erdung herbeizuführen. Genau hier setzt diese „Touch the Spirit"-Übung an. Viele denken, eine gute Erdung verhindere einen klaren „Draht" nach oben. Das ist nicht richtig. Wie bereits erwähnt: Ein ausgewogenes Energiefeld ist wichtig.

Unterstützende Energien:

Einige Engel wirken hier, die es dir leicht machen, dich zu erden. Die Energien im Wurzelchakra, in den Fußchakren und im Erdchakra werden hier aktiviert. Energien aller Wesenheiten, die unterstützen können, fließen bei der „Touch the Spirit"-Übung mit ein.

Farben: Orange für die Freude, Rot für die Erdung, Violett (die Verbindung von Rot und Blau), um eine gleichmäßige Verbindung von Oben und Unten herzustellen und im Gleichgewicht zu halten.

Die Übung:

Um die Erdung mehr und mehr zu spüren, lege deine linke Hand auf die Abbildung. Unterstützend kannst du deine Augen schließen und spüren, wie die erdenden Energien durch deinen Körper fließen und wie du gleichsam mit dem Himmel und der Erde verbunden bist. Um deine Absicht klar zu definieren, bitte einfach darum, dass sich jetzt die Verbindung zur Erde immer mehr aufbaut und ausdehnt. Es genügt, deine Hand 3 bis 5 Minuten auf der Abbildung zu belassen. Verspürst du zu einem späteren Zeitpunkt den Impuls, diese Übung zu wiederholen, dann folge diesem Impuls. Denke daran, dass die Energien ausschließlich zu deinem höchsten und besten Wohle fließen. Vergiss nicht, dich, nachdem du deine Hand wieder von der Buchseite gelöst und den Kontakt beendet hast, für diese Erfahrung und bei den helfenden Energien zu bedanken. Spüre anschließend mit geschlossenen Augen noch für einen Moment nach.

Erfolg, Code EG222090110

Erfolg

Information, Sinn und Zweck:

Wir leben in einer erfolgsorientierten Gesellschaft und streben unentwegt nach Erfolg und Anerkennung. Ob wir eine erfolgreiche Partnerschaft führen, im Job erfolgreich sein möchten oder ob wir einfach nur finanziellen Erfolg anziehen möchten: Oft ist das mit Anstrengungen, Kompromissen und Zugeständnissen verbunden. Wir sollten aufpassen, dass wir nicht einem nahezu krankhaften Erfolgszwang in allen Bereichen unterliegen. Natürlich möchten wir neue Ideen erfolgreich umsetzen, denn wenn von vornherein feststünde, dass das Ganze aussichtslos ist, könnten wir uns diese Unternehmungen und Anstrengungen doch ersparen.

Diese Übung hilft dir dabei zu erkennen, ob eine Sache erfolgsversprechend ist oder ob du lieber die Finger davon lassen solltest. Wenn dein Vorhaben dem höchsten und besten Wohle aller dient, werden dir diese Energien helfen, den nötigen Elan aufzubringen, um Erfolg zu haben. Wenn du allerdings dein Vorhaben aus rein egoistischen Gründen vorantreibst, wird dir ganz schnell klar werden, dass ein wahrer oder anhaltender Erfolg unmöglich ist.

Unterstützende Energien:

Einige Engel und Aufgestiegene Meister wirken hier, die dir helfen zu erkennen, ob dein Vorhaben von Erfolg gekrönt sein kann. Ganz besonders werden die Seraphim und Erzengel Gabriel aktiv. Es werden auch kraft- und energiegebende Energien mit einbezogen.

Farben: Orange für die Freude, Rot für die Kraft und Ausdauer, Grün als Unterstützung für deine Kreativität und den Neubeginn.

Die Übung:

Um den Erfolg mehr und mehr zu spüren und Hinweise zu erhalten, lege deine linke Hand auf die Abbildung. Unterstützend kannst du deine Augen schließen und spüren, wie die Energien durch deinen Körper fließen. Um deine Absicht klar zu definieren, bitte einfach darum, dass sich jetzt die Erfolgsenergie immer mehr aufbaut und ausdehnt. Es genügt, deine Hand 3 bis 5 Minuten auf der Abbildung zu belassen. Verspürst du zu einem späteren Zeitpunkt den Impuls, diese Übung zu wiederholen, dann folge diesem Impuls. Denke daran, dass die Energien ausschließlich zu deinem höchsten und besten Wohle fließen. Vergiss nicht, dich, nachdem du deine Hand wieder von der Buchseite gelöst und den Kontakt beendet hast, für diese Erfahrung und bei den helfenden Energien zu bedanken. Spüre anschließend mit geschlossenen Augen noch für einen Moment nach.

Heilung, Code HE102103104

Heilung

Information, Sinn und Zweck:

Automatisch denken wir bei dem Wort „Heilung" gleich daran, unseren Körper zu heilen, wenn wir erkrankt sein sollten. Aber nicht nur der Körper kann Heilung erfahren, nein, auch Dingen, Situationen, Tieren, Pflanzen, der Erde ..., allem kann Heilung zuteilwerden, wenn sie denn geheilt werden sollen. Beim Heilen von irgendetwas oder irgendjemanden sollten wir niemals aus den Augen verlieren, dass eine „Krankheit", in welcher Form auch immer sie sich zeigen mag, uns etwas deutlich machen möchte. Krankheiten wollen uns immer etwas sagen, vielleicht dass etwas in unserem Leben falsch läuft, dass etwas verändert werden sollte. Richtige ganzheitliche Heilung kann erst geschehen, wenn dies erkannt wird und wir eine Veränderung herbeiführen. Ich denke, das ist mittlerweile hinreichend bekannt. Das bloße Behandeln von Symptomen ist auf Dauer gesehen nicht von Erfolg gekrönt, denn unser Körper wird an anderer Stelle erneut auf Missstände aufmerksam machen. Und noch etwas Wichtiges: Diese Übung wird die Selbstheilungskräfte und Bewusstwerdung enorm anregen. Sie ist aber kein Ersatz für Ärzte, Heilpraktiker oder Therapeuten.

Unterstützende Energien:

Neben einigen anderen Engeln und Aufgestiegenen Meistern wirkt hier Erzengel Raphael mit seiner heilenden Energie. Auch kraftgebende Engel werden sich hier einbringen.
Farben: Orange für die Freude, Rot für die Kraft und Ausdauer, Grün und Violett als Unterstützung der Selbstheilungskräfte.

Die Übung:

Um die Heilung mehr und mehr zu spüren, lege deine linke Hand auf die Abbildung. Unterstützend kannst du deine Augen schließen und spüren, wie die Energien durch deinen Körper fließen. Um deine Absicht klar zu definieren, bitte einfach darum, dass sich jetzt die heilenden Energien immer mehr aufbauen, ausdehnen und deine Selbstheilungskräfte anregen. Zusätzlich achte auf Hinweise, die dir sagen, welche Dinge zu verändern sind. Es genügt, deine Hand 3 bis 5 Minuten auf der Abbildung zu belassen. Verspürst du zu einem späteren Zeitpunkt den Impuls, diese Übung zu wiederholen, dann folge diesem Impuls. Denke daran, dass die Energien ausschließlich zu deinem höchsten und besten Wohle fließen.

Vergiss nicht, dich, nachdem du deine Hand wieder von der Buchseite gelöst und den Kontakt beendet hast, für diese Erfahrung und bei den helfenden Energien zu bedanken. Spüre anschließend mit geschlossenen Augen noch für einen Moment nach.

Klärung von Beziehungen, Code KB440477490

Klärung von Beziehungen

Information, Sinn und Zweck:

Früher haben unsere Vorfahren eine Ehe stets aufrechterhalten. Sicher gab es damals auch Trennungen und Scheidungen, allerdings nicht in dem Maße, wie es heute zu verzeichnen ist. Liegt es heute vielleicht an der fehlenden Ausdauer oder einem extrem starken Ego und fehlender Kompromissbereitschaft, dass Ehen wesentlich schneller beendet werden? Heute werden so viele Ehen geschieden wie nie zuvor. Meist bringt das Leid und Verlustgefühle mit sich. Diese Übung ist nicht nur für Menschen, die sich in einer festen Beziehung oder Ehe befinden. Sie kann auch für andere Beziehungen angewendet werden, wie z. B. die Beziehung zum Arbeitgeber, zur Nachbarin usw.! Diese Übung bringt Klärung im Sinne von Bewusstwerdung, was geändert werden könnte, oder ob letztlich diese Beziehung wirklich aufgelöst werden sollte. Sie bringt Klarheit und kann eine gute Entscheidungsfindung unterstützen.

Unterstützende Energien:

Neben einigen anderen Engeln und Aufgestiegenen Meistern wirkt hier die Engelgruppe der Seraphim. Auch kraftgebende Engel werden sich hier einbringen.

Farben: Orange für die Freude, Rot für die Kraft und Ausdauer, Weiß für die Entscheidungsfindung, Blau, um Ruhe zu bewahren, und Gelb als Farbe für alle Beziehungsangelegenheiten.

Die Übung:

Um die Klärung deiner Beziehung mehr und mehr herbeizuführen, lege deine linke Hand auf die Abbildung. Unterstützend kannst du deine Augen schließen und spüren, wie die Energien durch deinen Körper fließen. Um deine Absicht klar zu definieren, bitte einfach darum, dass sich jetzt die Energien in deinem System immer mehr aufbauen und ausdehnen. Zusätzlich achte auf Hinweise, die dir sagen, welche Dinge bezüglich deiner Beziehung zu beachten sind. Es genügt, deine Hand 3 bis 5 Minuten auf der Abbildung zu belassen. Verspürst du zu einem späteren Zeitpunkt den Impuls, diese Übung zu wiederholen, dann folge diesem Impuls. Denke daran, dass die Energien ausschließlich zu deinem höchsten und besten Wohle fließen.

Vergiss nicht, dich, nachdem du deine Hand wieder von der Buchseite gelöst und den Kontakt beendet hast, für diese Erfahrung und bei den helfenden Energien zu bedanken. Spüre anschließend mit geschlossenen Augen noch für einen Moment nach.

Klarer Ausdruck, Code KA551555050

Klarer Ausdruck

Information, Sinn und Zweck: Wie oft entstehen Unsicherheiten, Missverständnisse, Streit und Ärger, weil es an klarem Ausdruck mangelt? Nicht nur unklare Worte und Sätze können unangenehme Stimmungen hervorrufen, nein, auch das völlige Ausbleiben der Kommunikation kann Negativität hervorrufen. Manchmal trauen wir uns nicht, etwas zu sagen, obwohl es uns doch so sehr auf der Seele brennt. Oder wir behalten unsere sehnlichsten Bedürfnisse für uns.

Das gesprochene Wort ist in unserer Gesellschaft sehr wichtig. Gerade jetzt, in unserer neuen Zeit, soll gesprochen werden, man soll sich einander mitteilen, um miteinander friedlich leben zu können. Das gilt für die kleinen Dinge genauso wie für das große Weltgeschehen. Diese „Touch the Spirit"-Übung wirkt direkt auf das Halschakra und somit auf die Kommunikation. Wenn du auch ab und zu Probleme hast, Dinge anzusprechen, ist das genau die richtige Übung für dich.

Unterstützende Energien: Neben einigen Engeln und Aufgestiegenen Meistern wirkt hier die Engelgruppe der Seraphim, um Klarheit und Ehrlichkeit im Ausdruck zu verankern. Auch kraftgebende Engel, die Mut geben, werden sich hier einbringen. Ganz besonders wird das Halschakra harmonisiert und das Thymuschakra angesprochen, um die Kommunikation des Herzens zu fördern.

Farben: Orange für die Freude, Rot für die Kraft und den Mut. Blau, um die Kommunikation anzuregen und die richtigen Worte zur richtigen Zeit zu finden und Ruhe zu bewahren. Gelb und Gold, die Farben des Wissens, der Weisheit und aller Beziehungsangelegenheiten.

Die Übung: Um die Klärung deines Ausdrucks mehr und mehr zu unterstützen und dir Mut zu machen zu reden, lege deine linke Hand auf die Abbildung. Unterstützend kannst du deine Augen schließen und spüren, wie die Energien durch deinen Körper fließen, ganz speziell auch in deinen Halsbereich. Um deine Absicht klar zu definieren, bitte einfach darum, dass sich dein Ausdruck jetzt klären möge. Es genügt, deine Hand 3 bis 5 Minuten auf der Abbildung zu belassen. Verspürst du zu einem späteren Zeitpunkt den Impuls, diese Übung zu wiederholen, dann folge diesem Impuls. Denke daran, dass die Energien ausschließlich zu deinem höchsten und besten Wohle fließen.

Vergiss nicht, dich, nachdem du deine Hand wieder von der Buchseite gelöst und den Kontakt beendet hast, für diese Erfahrung und bei den helfenden Energien zu bedanken. Spüre anschließend mit geschlossenen Augen noch für einen Moment nach.

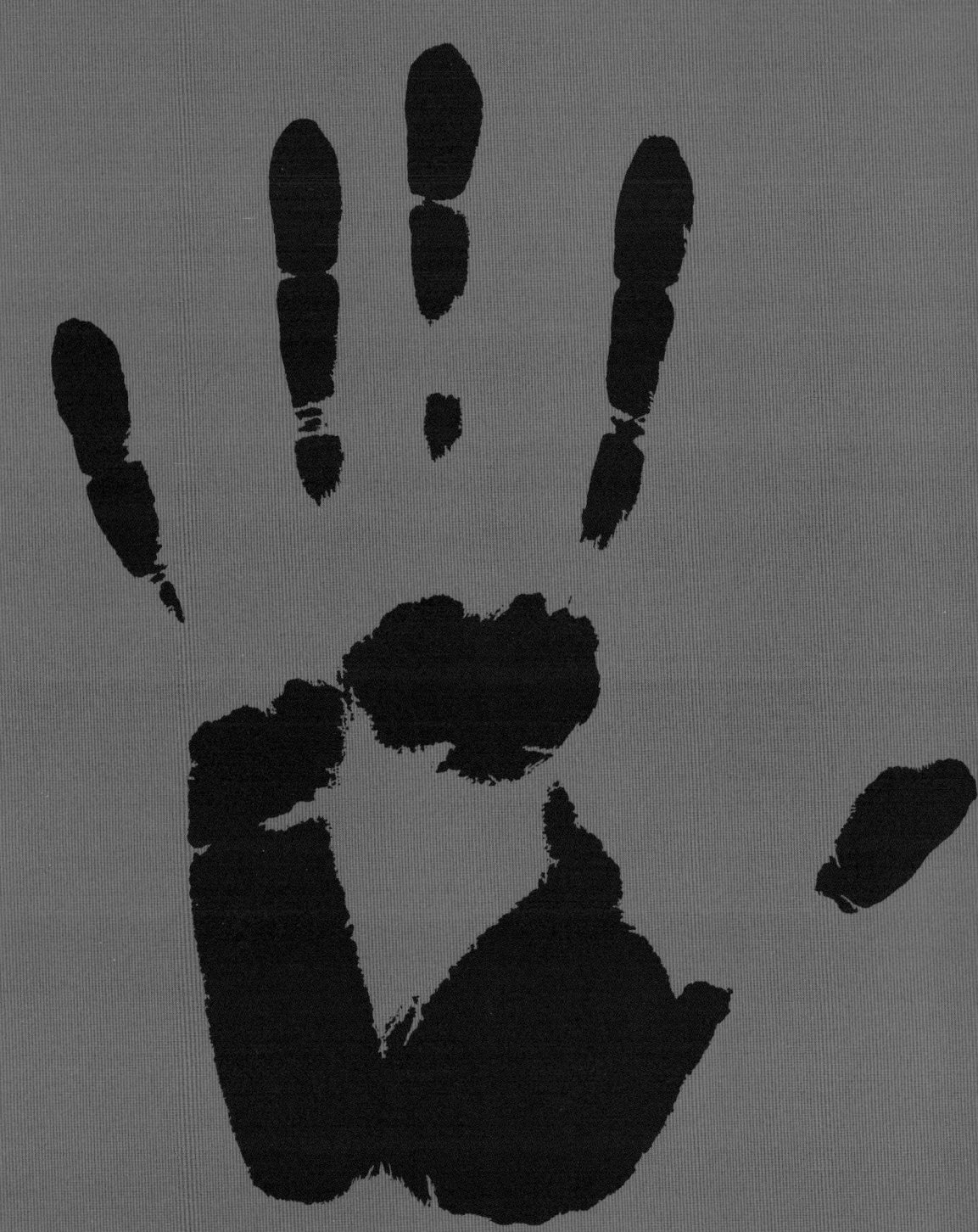
Kraft, Code KR900000199

Kraft

Information Sinn und Zweck:

Oft haben wir einen anstrengenden Alltag, weil wir versuchen, allen gerecht zu werden. Oft wünschen wir uns, dass der Tag noch einige Stunden mehr hat, damit wir auch alles schaffen, was wir uns vorgenommen haben, oder um einfach mal im Schlaf aufzutanken. Meist missachten wir die Hinweise unseres Körpers, der uns vielleicht mit einer dicken Erkältung sagen möchte „Schluss jetzt, ich brauche Ruhe, ich habe die Nase gestrichen voll". So weit sollten wir es gar nicht erst kommen lassen. Wenn wir lernen, mit unseren Kräften hauszuhalten und auch mal Nein zu sagen, kann sehr viel Erleichterung in den Alltag einfließen. Doch das geht meist nicht von jetzt auf gleich, nein, das ist ein langfristiger Prozess. Und genau für diesen Prozess ist die folgende Übung gedacht. Sie wird dir Kraft geben, deinen Geist klar zu halten, damit du dich zu jeder Zeit dafür entscheiden kannst, eine Ruhephase einzulegen. Letztendlich liegt die Entscheidung bei dir, inwieweit du an deine Grenzen stoßen oder sie gar überschreiten möchtest.

Unterstützende Energien:

Neben einigen Engeln und Aufgestiegenen Meistern wirkt hier die Engelgruppe der Seraphim, um Klarheit und Entscheidungsfähigkeit zu fördern. Die kraftgebenden Engel, die auch Mut geben, werden hier ganz speziell tätig. Ganz besonders werden dein Wurzelchakra, deine Fußchakren und dein Erdchakra harmonisiert.

Farben: Orange für die Freude, Rot für die Kraft und den Mut. Violett, um die Kraft mit innerer Ruhe zu vereinen.

Die Übung:

Um mehr Kraft zu bekommen, lege deine linke Hand auf die Abbildung. Unterstützend kannst du deine Augen schließen und spüren, wie die Energien durch deinen Körper fließen, ganz speziell in deine unteren Chakren. Um deine Absicht klar zu definieren, bitte einfach darum, dass sich mehr und mehr Kraft und Stärke ausbreiten mögen. Es genügt, deine Hand 3 bis 5 Minuten auf der Abbildung zu belassen. Verspürst du zu einem späteren Zeitpunkt den Impuls, diese Übung zu wiederholen, dann folge diesem Impuls. Denke daran, dass die Energien ausschließlich zum höchsten und besten Wohle aller fließen. Bitte beachte, dass du diese „Touch the Spirit"-Übung nicht abends machen solltest, da die Energien sehr wach machen können.

Vergiss nicht, dich, nachdem du deine Hand von der Buchseite gelöst und den Kontakt beendet hast, für diese Erfahrung und bei den helfenden Energien zu bedanken. Spüre anschließend mit geschlossenen Augen noch für einen Moment nach.

Lebensfreude, Code LE388330132

Lebensfreude

Information, Sinn und Zweck:

Wenn du dich von dieser Übung und diesem Thema angesprochen fühlst, dann ist es durchaus möglich, dass deine Lebensfreude irgendwann einmal auf der Strecke geblieben ist. Wir schaffen uns manchmal Umstände, die keinen Platz für die so wohltuende Freude lassen. Vielleicht arbeiten wir in einem Beruf, der uns keinen Spaß macht. Vielleicht leben wir in einer Partnerschaft, die nur aus Gewohnheit aufrechterhalten wird. Vielleicht haben wir Freunde, die uns mit all ihren Problemen verbal überhäufen, vielleicht eine Wohnung, die uns nicht wirklich gefällt und in der wir uns nicht wohlfühlen. Das sind nur ein paar Gründe, die unserer Lebensfreude Abbruch tun. Die folgende Übung dient der Bewusstwerdung dessen, was in deinem Leben einer Änderung bedarf, damit du in Freude leben kannst. Wenn du sehr offen für Energien bist, wirst du Impulse empfangen, die dir klarmachen, welche Punkte du in deinem Leben angehen könntest. Die Übung wird dir vielleicht auch kurzfristig zeigen können, wie sich Lebensfreude anfühlt. Um dieses Gefühl dauerhaft zu behalten, solltest du handeln und ggf. in deinem Leben aufräumen.

Unterstützende Energien:

Neben einigen Engeln und Aufgestiegenen Meistern wirkt hier die Engelgruppe der Seraphim, um Klarheit und Entscheidungsfähigkeit zu fördern und neue Möglichkeiten zu zeigen. Ganz besonders werden dein Solarplexus und dein Sakralchakra harmonisiert.
Farben: Orange in allen Schattierungen für die Freude. Ein Regenbogen voller Farben, die allesamt positiv auf deine Lebensfreude einwirken.

Die Übung:

Um mehr Lebensfreude und entsprechende Impulse zu erlangen, lege deine linke Hand auf die Abbildung. Unterstützend kannst du deine Augen schließen und spüren, wie die Energien durch deinen Körper fließen, ganz speziell in deine Körpermitte und den Unterbauchbereich. Um deine Absicht klar zu definieren, bitte um mehr Lebensfreude und Hinweise, diese erreichen zu können. Signalisiere, dass du völlig offen bist für die Freude in deinem Leben. Es genügt, deine Hand 3 bis 5 Minuten auf der Abbildung zu belassen. Verspürst du zu einem späteren Zeitpunkt den Impuls, diese Übung zu wiederholen, dann folge diesem Impuls. Denke daran, dass die Energien ausschließlich zu deinem höchsten Wohle und dem aller Beteiligten fließen.
Vergiss nicht, dich, nachdem du deine Hand von der Buchseite gelöst und den Kontakt beendet hast, für diese Erfahrung und bei den helfenden Energien zu bedanken. Spüre anschließend mit geschlossenen Augen noch für einen Moment nach.

Leichtigkeit, Code LT120210111

Leichtigkeit

Information Sinn und Zweck:

Oft nehmen wir alles viel zu schwer. Wir sollten mehr Leichtigkeit in unserem Leben spüren, die beflügelt, neuen Mut und Freude schenkt. Wir neigen oft dazu, alles sehr eng zu sehen, vieles zu ernst zu nehmen und somit der Schwere Tür und Tor zu öffnen. Wenn du wieder einmal die Schwere spürst, die sich schon morgens bemerkbar macht, wenn du nur daran denkst, was heute alles erledigt werden will, dann kann ich dir nur empfehlen, diese „Touch the Spirit"-Übung zu machen. Allerdings wird diese Übung nicht sofort die komplette Schwere von deinen Schultern und deinem Gemüt nehmen, sondern sie wird dir bewusst machen, welche Einstellung in deinem Inneren dazu führt, dass du diese unnötige Schwere spüren musst. Schau bei der Übung genau hin, welche Hinweise dir gezeigt werden, wie du dein Leben dauerhaft leichter gestalten kannst. Mit Leichtigkeit und Freude geht alles besser, schneller und ist nicht so kraftaufwendig.

Unterstützende Energien:

Neben einigen Engeln und Aufgestiegenen Meistern wirkt hier die Engelgruppe der Seraphim, um Klarheit und Leichtigkeit zu fördern und andere Möglichkeiten zu zeigen. Auch Feen und Elfen werden hier mit in deine Aura eingeladen, um eine Reinigung vorzunehmen. Chakren, die einer Harmonisierung bedürfen, werden ausgeglichen.

Farben: Orange in allen Schattierungen für die Freude. Ein Regenbogen voller Pastellfarben, die allesamt mit ihrer hellen Strahlung Leichtigkeit einbringen.

Die Übung:

Um mehr Leichtigkeit zu bekommen und Impulse für mehr Leichtigkeit zu erlangen, lege deine linke Hand auf die Abbildung. Unterstützend kannst du deine Augen schließen und spüren, wie die Energien durch deinen Körper fließen. Ganz speziell werden leichte Pastellfarben in dein energetisches System einwirken. Um deine Absicht klar zu definieren, bitte um mehr Leichtigkeit und um Hinweise, wie diese erreicht werden können. Signalisiere, dass du völlig offen bist für die Leichtigkeit in deinem Sein. Es genügt, deine Hand 3 bis 5 Minuten auf der Abbildung zu belassen. Verspürst du zu einem späteren Zeitpunkt den Impuls, diese Übung zu wiederholen, dann folge diesem Impuls. Denke daran, dass die Energien ausschließlich zu deinem höchsten Wohle und dem aller Beteiligten fließen.

Vergiss nicht, dich, nachdem du deine Hand von der Buchseite gelöst und den Kontakt beendet hast, für diese Erfahrung und bei den helfenden Energien zu bedanken. Spüre anschließend mit geschlossenen Augen noch für einen Moment nach.

Liebe, Code LI477444101

Liebe

Information, Sinn und Zweck:

Liebe ist unsere größte Kraft. Die Liebe hat viele Facetten. Sie zeigt sich als Liebe zu unseren Kindern, die Liebe in der Partnerschaft, die Liebe zum Leben, die Liebe zu unserem Umfeld, die Liebe in unserem Berufsleben, die Liebe zu den kleinen Dingen und letztendlich die Liebe zu uns selbst. Meist haben wir mit Letzterem die meisten Probleme. Uns selbst zu lieben, mit all unseren Fehlern und Macken, das ist oft nicht ganz so einfach. Doch wir sollten lernen, uns selbst zu lieben, denn erst dann können wir uneingeschränkt und bedingungslos andere lieben.

So wird diese Übung dein Herz berühren, sie wird dich die Liebe zu dir selbst und allem anderen spüren lassen. Genieße dieses wunderbare Gefühl der Liebe und lasse es immer mehr und mehr in dein Leben einfließen. Sieh auch in scheinbar schwierigen Menschen den Funken der Liebe. Und sieh auch dich als eine allzeit liebenswerte Person. Auch die Liebe kann Berge versetzen. Und denke immer daran, je mehr Liebe du schenkst, desto mehr Liebe wird dir entgegengebracht werden.

Unterstützende Energien:

Neben einigen Engeln und Aufgestiegenen Meistern wirken hier Erzengel Chamuel und Lady Nada. Die Wesenheiten werden dein Herz berühren. Auch Feen und Elfen werden hier liebevoll mit deiner Energie arbeiten. Dein Herzchakra wird harmonisiert und ausgeglichen.

Farben: Von Pastellrosa bis zum leuchtenden Pink werden dich viele der Liebe zugeordnete Farbtöne umfließen.

Die Übung:

Um mehr Liebe erleben zu können und dich mehr und mehr zu lieben, lege deine linke Hand auf die Abbildung. Unterstützend kannst du deine Augen schließen und spüren, wie die Energien durch deinen Körper fließen und ganz speziell deine Herzgegend ansprechen. Um deine Absicht klar zu definieren, bitte um mehr Liebe in deinem Leben und deinem Tun. Signalisiere, dass du völlig offen bist für die Liebe in deinem Sein. Es genügt, deine Hand 3 bis 5 Minuten auf der Abbildung zu belassen. Verspürst du zu einem späteren Zeitpunkt den Impuls, diese Übung zu wiederholen, dann folge diesem Impuls. Denke daran, dass die Energien ausschließlich zu deinem höchsten Wohle und dem aller Beteiligten fließen.

Vergiss nicht, dich, nachdem du deine Hand von der Buchseite gelöst und den Kontakt beendet hast, für diese Erfahrung und bei den helfenden Energien zu bedanken. Spüre anschließend mit geschlossenen Augen noch für einen Moment nach.

Loslassen, Code LO710899919

Loslassen

Information, Sinn und Zweck:

Loslassen, das ist oft leichter gesagt als getan. Wir hängen nun mal an Dingen, an Situationen und an für uns wichtigen Menschen. Oder wir sind ganz und gar in der Vergangenheit verhaftet. Irgendjemanden gibt es immer, der dann sagt: „Das musst du loslassen!" Und befindet man sich selbst in einer solchen Situation, möchte man diesen Satz einfach nicht mehr hören. Geht oder ging dir das auch schon einmal so? Trotzdem ist nicht von der Hand zu weisen, dass wir, wenn wir Altes nicht loslassen, keinen Platz für Neues schaffen. Beispiele: Ein grobstoffliches Loslassen wäre das Aufräumen unseres Kleiderschrankes. Alles, was wir ein Jahr oder länger nicht getragen haben, sollten wir entsorgen. Somit ist Platz für Neues. Und erst wenn ich den Partner in meiner kaputten Ehe loslasse, schaffe ich Platz für eine neue erfüllende Liebesbeziehung. Wenn ich den heftigen Streit mit meinen älteren Geschwistern nicht loslasse, der schon zwei Jahre zurückliegt, werde ich nie wieder mit meinen Geschwistern normal und ehrlich umgehen können. Genau hier setzt die Übung an. Sie kann dir bewusst machen, was nicht mehr in dein Leben gehört und was du loslassen sollst. Loslassen kann auch damit einhergehen, sich selbst oder einer anderen Person zu verzeihen. Hierüber gibt es ausführliche Literatur, wenn du dich eingehender damit beschäftigen möchtest.

Unterstützende Energien:

Neben einigen Engeln und Aufgestiegenen Meistern wirkt hier Erzengel Michael mit seinem goldenen Schwert und hilft bei der Abtrennung von unnötigem Ballast. Erzengel Raphael lässt Energie in alte Wunden fließen. Chamuel und Lady Nada werden unterstützend eingreifen, damit du die Liebe dabei nicht vergisst. Auch Feen und Elfen werden hier mitwirken. Ein Regenbogen von Farben fließt mit ein.

Die Übung:

Um besser loslassen zu können, lege deine linke Hand auf die Abbildung. Unterstützend kannst du deine Augen schließen und spüren, wie die Energien durch deinen Körper fließen. Um deine Absicht klar zu definieren, sage in Gedanken: „Ich bin jetzt bereit loszulassen." Es genügt, deine Hand 3 bis 5 Minuten auf der Abbildung zu belassen. Verspürst du zu einem späteren Zeitpunkt den Impuls, diese Übung zu wiederholen, dann folge diesem Impuls. Denke daran, dass die Energien ausschließlich zu deinem höchsten Wohle und dem aller Beteiligten fließen.

Vergiss nicht, dich, nachdem du deine Hand von der Buchseite gelöst und den Kontakt beendet hast, für diese Erfahrung und bei den helfenden Energien zu bedanken. Spüre anschließend mit geschlossenen Augen noch für einen Moment nach.

Reinigung der Aura, Code RA111111000

Reinigung der Aura

Information, Sinn und Zweck: Die Aura ist das Energiefeld, das unseren physischen Körper umgibt. Es gibt die verschiedensten Auraschichten, wie z. B. den Ätherkörper, den Astralkörper, den spirituellen Körper und so einige mehr. Bis zu einigen Metern kann sich die Aura um unseren Körper herum ausdehnen. Die Aura nimmt Energie auf und gibt sie ebenso ab. Ist es dir auch schon einmal so ergangen, dass, wenn eine bestimmte Person einen Raum betritt, man das Gefühl hat, der Raum sei voll?! Du kannst dann davon ausgehen, dass dieser Mensch eine sehr große Aura hat. Da die Aura am Energieaustausch mit der Umwelt beteiligt ist, bleiben manchmal Verunreinigungen in der Aura zurück. Das ist eine Erklärung dafür, dass man immer die gleichen Menschen, Partner, Situationen anzieht. Denn Gleiches zieht bekanntlich Gleiches an, auch wenn das nicht immer gewollt ist. So ist es ratsam, von Zeit zu Zeit die Aura von „Unrat" zu befreien und sie zu reinigen. Diese Übung wird nicht alles Erdenkliche aus deiner Aura entfernen. Sie wird nur das entfernen, was deinem Leben und deinem Lebensplan nicht mehr dienlich ist. Und das natürlich immer zum höchsten und besten Wohle deiner Person und aller Beteiligten.

Unterstützende Energien: Neben einigen Engeln und Aufgestiegenen Meistern wirkt hier Erzengel Michael mit seinem goldenen Schwert und hilft bei der Abtrennung von unnötigem Ballast. Erzengel Raphael lässt Energie in alte Wunden fließen. Chamuel und Lady Nada greifen unterstützend ein, damit du die Liebe dabei nicht vergisst. Auch Feen und Elfen werden hier mitwirken und reinigend tätig sein. Die Farbe Weiß fließt mit ein, um den Reinigungs- und Klärungsprozess zu unterstützen.

Die Übung: Um mit der Reinigung zu beginnen, lege deine linke Hand auf die Abbildung. Unterstützend kannst du deine Augen schließen und spüren, wie die Energien durch deine energetischen Felder fließen. Um deine Absicht klar zu definieren, sage in Gedanken: „Ich bin jetzt bereit für die Reinigung meiner Aura." Es genügt, deine Hand 3 bis 5 Minuten auf der Abbildung zu belassen. Verspürst du zu einem späteren Zeitpunkt den Impuls, diese Übung zu wiederholen, dann folge diesem Impuls. Denke daran, dass die Energien ausschließlich zu deinem höchsten Wohle und dem aller Beteiligten fließen. Vergiss nicht, dich, nachdem du deine Hand von der Buchseite gelöst und den Kontakt beendet hast, für diese Erfahrung und bei den helfenden Energien zu bedanken. Spüre anschließend mit geschlossenen Augen noch für einen Moment nach.

Verbindung mit der geistigen Welt, Code VW100000102

Verbindung mit der geistigen Welt

Information, Sinn und Zweck:
Wie gern würden wir manchmal Engel sehen, Aufgestiegene Meister klarer spüren oder Elfen und andere Naturwesen deutlicher wahrnehmen. Jeder Mensch kann dies tun, doch oft sind wir Menschen zu sehr mit Vorurteilen belastet, wie z. B. „Diese Wesen gibt es doch gar nicht" oder „Andere können das vielleicht, ich aber ganz bestimmt nicht". Das sind alles Glaubenssätze, die uns die klare Sicht und die Möglichkeit der Wahrnehmung vernebeln. Es kann auch vorkommen, dass unsere feinstofflichen Antennen verunreinigt und nicht richtig ausgerichtet sind. Diese „Touch the Spirit"-Übung wird neben der Reinigung deiner Kanäle dir auch Glaubenssätze bewusst machen, die dann aufgelöst werden können. Du wirst hier sanft, fast unmerklich auf eine höhere Ebene gehoben, um näher an den Energien der geistigen Welt zu sein. Das hat zur Folge, dass die Energien aus dieser Ebene dich besser und schneller erreichen können. Wichtig bei dieser Übung ist, deine Erwartung zurückzuschrauben bzw. ganz aufzugeben. Denn alles kann passieren, nichts muss. Allerdings schafft diese Übung die Möglichkeiten dazu.

Unterstützende Energien:
Neben einigen Engeln und Aufgestiegenen Meistern wirkt hier die Engelgruppe der Seraphim, um eine starke Reinigung deiner Empfangsmechanismen vorzunehmen. Erzengel Michael wird helfen, hemmende Energien abzutrennen. Es werden viele Wesenheiten gebeten mitzuwirken, um dich auf eine höhere Ebene zu heben und deine Wahrnehmung zu fördern. Auch Feen und Elfen werden für Leichtigkeit und spielerischen Umgang sorgen.

Die Übung:
Um mit der Verbindung in die geistige Welt zu beginnen, lege deine linke Hand auf die Abbildung. Unterstützend kannst du deine Augen schließen und spüren, versuchen zu sehen, zu hören, wahrzunehmen. Um deine Absicht klar zu definieren, sage in Gedanken: „Ich bin jetzt bereit für die Verbindung in die geistige Welt." Es genügt, deine Hand 3 bis 5 Minuten auf der Abbildung zu belassen. Verspürst du zu einem späteren Zeitpunkt den Impuls, diese Übung zu wiederholen, dann folge diesem Impuls. Denke daran, dass die Energien ausschließlich zu deinem höchsten Wohle und dem aller Beteiligten fließen.

Vergiss nicht, dich, nachdem du deine Hand von der Buchseite gelöst und den Kontakt beendet hast, für diese Erfahrung und bei den helfenden Energien zu bedanken. Spüre anschließend mit geschlossenen Augen noch für einen Moment nach.

Wunschenergie, Code WU707111700

Wunschenergie

Information Sinn und Zweck:

In den letzten Jahren sind sehr viele Bücher zum Thema „Wünschen" erschienen, die ganz wundervolle Möglichkeiten aufgezeigt haben. Ob man sich nun etwas wünscht und es in den Kosmos schickt, um es dann zu vergessen, oder ob man sich etwas wünscht und es immer wieder mit Energie auflädt, bleibt sich gleich. Es ist gut zu wissen, dass Wünsche in Erfüllung gehen, wenn es in unseren Lebensplan passt und für uns und alle Beteiligten förderlich ist. Genauso verhält es sich hier mit dieser „Touch the Spirit"-Übung. Formuliere ganz klar deinen Wunsch (er sollte natürlich realistisch sein) und lege dann deine linke Hand auf die Abbildung. Für einen Wunsch brauchst du die Übung nur ein einziges Mal zu machen. Immer wieder den gleichen Wunsch zu formulieren, würde zwar nicht schaden, brächte aber auch keine Beschleunigung des Geschehens. Verschiedene Energien und Wesenheiten wirken bei dieser Übung mit. Spüre selbst. Und sei nicht böse oder ungeduldig, wenn größere Dinge auch etwas länger dauern können.

Unterstützende Energien:

Neben einigen Engeln und Aufgestiegenen Meistern wirkt hier die Engelgruppe der Seraphim, um deinen Wunsch in die höchsten Ebenen zu bringen und zu verankern. Erzengel Gabriel wird sich hier ebenfalls mit seinen Schwingungen einschalten, denn er ist zuständig für alles Neue. Es werden viele Wesenheiten mitwirken, um deinen Wunsch in der geistigen Welt und dem Kosmos zu verankern. Auch Feen und Elfen werden für Leichtigkeit und spielerischen Umgang sorgen.

Die Übung:

Formuliere erst deinen Wunsch mit klaren und knappen Worten. Um die Wunschenergie freizusetzen, lege deine linke Hand auf die Abbildung. Wenn du nun deine Augen schließt, wirst du spüren, wie die Energien zu fließen beginnen. Um deine Absicht klar zu definieren, sage in Gedanken: „Ich bin jetzt bereit für die Erfüllung meines Wunsches." Es genügt, deine Hand 3 bis 5 Minuten auf der Abbildung zu belassen. Lasse möglichst nicht unendlich viele Gedanken in den Kosmos „fliegen", beschränke dich auf einen Wunsch am Tag. Denke daran, dass die Energien ausschließlich zu deinem höchsten Wohle und dem aller Beteiligten fließen.

Vergiss nicht, dich, nachdem du deine Hand von der Buchseite gelöst und den Kontakt beendet hast, für diese Erfahrung und bei den helfenden Energien zu bedanken. Spüre anschließend mit geschlossenen Augen noch für einen Moment nach.

Ein paar Worte zum Abschluss

Du bist nun am Ende dieses Buches angelangt. Vielleicht hast du bereits alle Übungen ausprobiert oder nur einzelne herausgepickt, die gerade für dich sehr wichtig schienen. Ich bin sicher, du hast bei der Anwendung dieser Methode des neuen Zeitalters viele Energien spüren können. An dieser Stelle möchte ich noch einmal ganz deutlich betonen, dass nicht jede Form von energetischer Arbeit für alle Menschen gleichermaßen geeignet ist. So kann es sein, dass diese Art der Energiearbeit überhaupt nicht die deine ist. Das ist möglich und macht auch weiter nichts. Schenke in diesem Falle dieses Buch einfach an jemanden weiter, von dem du denkst, er könnte einen besseren Zugang zu dieser Arbeit haben.

Ich freue mich sehr, dass du dieses Buch in den Händen hältst und sicherlich die eine oder andere Erfahrung sammeln konntest.

Es ist ein großer Wunsch von mir, dass diese Methode ihren Weg in die Welt findet. Es ist nicht nur ein Wunsch von mir, sondern auch von der geistigen Welt. Denn schließlich wurden mir von dort die Informationen gegeben, durch welche Rituale eine Handabbildung solche Wirkungen haben kann, wenn man seine linke Hand darauf legt. Der geistigen Welt bin ich unendlich dankbar, dass ich dies in diese Form bringen durfte. Und dem Hans-Nietsch-Verlag danke ich von ganzem Herzen für das Vertrauen und die Offenheit für Neues. Danke für das Veröffentlichen dieses Buches!

Liebe Leserin, lieber Leser! Ich danke auch dir für deine Offenheit und für das Ausprobieren. Danke.

Ich wünsche dir alles Liebe und stets einen einfachen und leichten Kontakt zu den wunderbaren Energien, die uns allen zur Verfügung stehen, wenn wir sie annehmen möchten.

Alles Liebe
Jürgen Pfaff

Buchempfehlungen

Diana Cooper: *Das Wunder des Findhorns. Begegnungen mit den erleuchteten Wesen der siebten Dimension.*
    Heyne Verlag, 2011
Jürgen Pfaff: *Die Seraphim erleben. Mit 33 Seraphim-Karten, energetisiertem Glasnugget und Praxisbuch.*
    Hans-Nietsch-Verlag 2011
Jürgen Pfaff: *Engel erleben. Das Praxis-Set mit 44 Engelkarten und Begleitbuch.* Hans-Nietsch-Verlag, 2008
Jürgen Pfaff: *Handbuch der heilenden Farben. Die schönsten Techniken zum Heilen und Inspirieren.*
    Windpferd Verlag, 2011
Jeanne Ruland: *Elfen, Feen, Gnome. Das Buch der Naturgeister.* Schirner Verlag, 2010
Jeanne Ruland: *Die Gegenwart der Meister.* Schirner Verlag, 2001 (56 Karten & Begleitbuch)
Petra Schneider: *Die Elohim. Kraftvolle Engel für die Zeiten des Wandels.* Windpferd Verlag, 2011

Sowie die Bücher von Bärbel Mohr und Pierre Franckh. Alles erhältlich in gut sortierten Buchhandlungen
    oder in entsprechenden Online-Shops.

Wichtige Hinweise

Vorträge und Seminar mit Jürgen Pfaff werden ständig angeboten. Verschiedenste Themen stehen zur Auswahl. Schau auf seiner Homepage, ob für dich vielleicht das Richtige dabei ist. Hier findest du auch energetisierte Produkte wie Engelanhänger, Glasnuggets und vieles mehr.
www.j-pfaff.npage.de

Kontakt zum Autor

Wenn du gern mit Jürgen Pfaff Kontakt aufnehmen möchtest, um vielleicht in deiner Nähe einen Vortrag oder ein Seminar zu organisieren, dann erreichst du den Autor über seine E-Mail-Adresse: j-pfaff@gmx.de
Auch über Feedback, Erfahrungen, Meinungen und Erlebnisse freut sich Jürgen Pfaff sehr.

Jürgen Pfaff
Engel erleben – Das Praxis-Set

128 Seiten, Broschur, 44 Karten
Euro 19,90 (D)
ISBN 978-3-939570-34-9

Jürgen Pfaff
Die Seraphim erleben

126 Seiten, Broschur, 33 Karten
Euro 22,90 (D)
ISBN 978-3-86264-001-0

www.nietsch.de